Der Tod der Moderne

Eine Diskussion

Redner:

Jean Baudrillard, Gerd Bergfleth, Horst Folkers,
Ute Gerhard, Marlis Gerhardt, Heidrun Hesse, Dietmar Kamper,
Gerd Kimmerle, Gert Mattenklott, Michael Rutschky,
Hartmut Schröter, Ulrich Sonnemann.

IMPRESSUM

C   1983 Konkursbuchverlag
     Claudia Gehrke
     PF 1621, 74 Tübingen
Redaktion: Heidrun Hesse
Druck: Fuldaer Verlagsanstalt
ISBN: 3-88769-o15-X

INHALT

System und Simulation (1. Gesprächsrunde)　　　　　　S. 7

Kleines Zwischenspiel　　　　　　　　　　　　　　　S. 58

Simulation und Symbolischer Tausch (2. Gesprächsrunde) S. 65

Tod und Revolte (3. Gesprächsrunde)　　　　　　　　S. 99

Der Tod der Moderne　　　　　　　　　　　　　　　S. 137

VORWORT

Die Frage, was es mit der Moderne auf sich habe, beschäftigt derzeit viele Köpfe. Ist sie längst verendet? Windet sie sich in schmerzhafter Agonie? Ist sie zwar schwer angeschlagen, aber noch zu retten? Verbissen versuchen manche das "Projekt der Moderne" in Schutz zu nehmen und entwerfen Feindbilder von Post- und Prämodernisten, Jung-, Alt- sowie Neokonservativen. Es sind die vernunftkritischen Tendenzen der Moderne, die deren selbsternannte Verteidiger als "Exzesse" verteufeln und ihr austreiben wollen.
Wir haben deswegen im Februar 1983 eine Reihe von Autoren zur Diskussion eingeladen. "Der Tod der Moderne" war unser Thema, und die Gespräche, die in diesem Band dokumentiert sind, kreisen um die Fragen nach dem Ende der Moderne und nach dem Tod in der Moderne. In seinem Buch "Der symbolische Tausch und der Tod" hat Jean Baudrillard einen Problemzusammenhang entfaltet, in dem beide Aspekte miteinander verwoben sind. Der Tod des Systems, der modernen Simulations-Gesellschaft, so deutet Baudrillard an, ließe sich erzwingen, wenn der einzelne seinen Tod wieder in eigene Regie nähme und dem verwalteten Sterben zuvorkäme. Baudrillards Buch diente aus diesem Grunde als Ausgangspunkt unserer Diskussionen. Sie zeigen auch, daß und inwiefern Baudrillard seine dort vertretene Position inzwischen revidiert hat. Er hat das Konzept des "symbolischen Tauschs" aufgegeben und sich "fatalen Strategien" verschrieben.
Von der Zukunft ist nichts mehr zu erwarten. Die Moderne, die Zeit der Erneuerung, des Fortschritts und der unaufhaltsam sich verwirklichenden Vernunft ist vorbei. Baudrillards Theorie der Simulation ist gleich weit entfernt von Blochscher Jubelpflicht angesichts des Zu-Hoffenden und Adornitischer Resignation in das heillos Bestehende. Alles ist schon vollendet. Nichts ist mehr zu tun. So lautet seine frohe Botschaft einer neuen Freiheit: der Freiheit von Zukunft und vorgeschriebener Selbstverwirklichung.
Aber reiht sich Baudrillard nicht doch wieder ein in die Kette

von Heilsverkündern, die unseren Lebensweg säumen und uns zu ihrer Lebensweise verführen, wenn er uns belehrt, was nicht mehr zu tun sei, was wir nicht mehr erwarten dürften und was uns nichts mehr angehen solle? Ist die Moderne nun endgültig, wie schon so oft vorausgesagt, tot? Oder steht sie in der Art und Weise, wie sie totgesagt wird, wieder auf? War die Moderne vielleicht immer nur lebendig in ihren Totsagungen? Was heißt eigentlich "Tod"? Was ist "Moderne"? Was könnte der "Tod der Moderne" sein?

SYSTEM UND SIMULATION

(Erste Diskussionsrunde)

Dietmar Kamper: (leitet die Diskussion ein, indem er zitiert aus dem Buch von Jean Baudrillard, "Der symbolische Tausch und der Tod", München 1982, S. 88) "Es war Walter Benjamin, der im 'Kunstwerk im Zeitalter seiner technischen Reproduzierbarkeit' als erster die wesentlichen Konsequenzen dieses Reproduktionsprinzips entwickelt hat. Er zeigt, daß die Reproduktion den Produktionsprozeß absorbiert, seine Richtung verändert und den Status des Produkts und des Produzenten verkehrt. Er zeigt dies für den Bereich der Kunst, des Kinos und der Photographie, denn dort eröffnen sich im 2o. Jahrhundert neue Gebiete, die keine Tradition in der 'klassischen' Produktivität haben, sondern von vornherein unter dem Zeichen der Reproduktion stehen - aber wir wissen heute, daß die gesamte materielle Produktion in diese Sphäre übergeht. Wir wissen heute, daß die Einheit des Gesamtprozesses des Kapitals auf der Ebene der Reproduktion gebildet wird: Mode, Medien, Werbung, Informations- und Kommunikationsnetze - auf der Ebene also, die Marx achtlos als 'faux frais' des Kapitals bezeichnete (da zeigt sich die Ironie der Geschichte), das heißt in der Sphäre der Simulakren und des Codes. Benjamin (und nach ihm McLuhan) begreift die Technik nicht als Produktivkraft (worauf sich die marxistische Analyse beschränkt), sondern als Medium, als Form und Prinzip jeder neuen Sinnproduktion. Schon die bloße Tatsache, daß jeder Gegenstand einfach als solcher reproduziert werden kann, so daß es ein zweites Exemplar davon gibt, ist eine Umwälzung: man braucht nur an die Verblüffung der Eingeborenen zu denken, die zum ersten Mal zwei identische Bücher gesehen haben. Daß diese beiden Produkte im Zeichen der gesellschaftlich notwendigen Arbeit Äquivalente sind, ist auf lange Sicht weniger wichtig als die serielle Wiederholung des gleichen Objekts (was auch für die Individuen als Arbeitskraft gilt). Die Technik als Medium gewinnt nicht nur die Oberhand über die 'Botschaft' des Produkts (seinen Gebrauchswert), sondern auch über die Arbeitskraft, aus der Marx die revolutionäre Botschaft der Produktion machen will. Benjamin und McLuhan haben klarer als Marx gesehen, daß die wirkliche Botschaft, das eigentlich letzte Wort in der Reproduktion selbst liegt. Und daß die bloße Produktion keinen Sinn hat: ihre gesellschaftliche Finalität geht in der Serienproduktion verloren. Die Simulakren sind der Geschichte überlegen."

<u>Gert Mattenklott</u>: Als Benjamin-Interpretation halte ich diese Stelle für verkehrt. Benjamin hat die Schrift als Marxist geschrieben und legt das Schwergewicht nicht, wie es in diesem Zitat scheint, auf die Verselbständigung einer anonymen Medienkultur. Für ihn waren die Medienprodukte Stellungnahmen, z.B. im Bereich des Films die eines Cutters; und es gab ein Publikum, das sachverständig werden sollte und auch werden konnte diesen Medien gegenüber. In diesem Sinne war der "Reproduzierbarkeits"aufsatz eine Kampfschrift im Hinblick auf das Mündigwerden des neuen Publikums, des Medienpublikums. Insofern, glaube ich, ist Benjamin historisch sicherlich nicht zu Recht als Kronzeuge dieses Begriffs einer verselbständigten Reproduktion aufgerufen. Das damit noch ein Problem Baudrillards selbst zusammenhängt, das müßte man dann für sich angehen.

<u>Gerd Kimmerle</u>: Ich möchte noch hinzufügen, daß für mich nicht einleuchtend ist, inwiefern die Entgegensetzung von Produktion und Reproduktion, die er hier vollzieht, aus einer Analyse entwickelt sein soll, die der Marx'schen widerspricht. Marx hat in der Analyse der Beziehung von Gebrauchswert und Tauschwert doch genau das Eingebundensein der Produktion in die Reproduktion des Kapitals dargestellt. Insofern 'Produktion' im Sinne von produktiver Arbeit immer ins Reproduktionssystem eines gesellschaftlichen Zusammenhangs integriert ist, analysiert Marx doch eigentlich den Vorrang der Reproduktion vor der bloßen Produktion. Insofern verstehe ich nicht, warum das Thema der Verselbständigung, das genau das Thema der Verselbständigung eines Tauschwertzusammenhangs ist, in dem Gebrauchswerte nur noch als Erscheinungsformen zugelassen sind, hier als eine Gegenposition gegen Marx gelten kann.

<u>Ulrich Sonnemann</u>: Ich sehe das auch nicht. Weil es sich ja im Grunde bei Marx so verhält, daß gegen diese, von Ihnen (Gerd Kimmerle) gerade richtig beschriebenen kapitalistischen Pro-

duktionsverhältnisse es den Gegenbegriff der Produktivkraft gibt, der immer wieder - das schließt sogar noch Habermas einmißverstanden worden ist als gleichbedeutend mit der kapitalistischen Wachstumsrate. Unter Umständen gibt es gerade auf Grund der Verhältnisse, die bei Baudrillard Thema sind, die Möglichkeit, den Produktivkraftbegriff sehr viel fundamentaler zu verstehen. Dabei ergibt sich dann keineswegs eine Entwertung der ursprünglichen Produktion, sondern - was in Benjamins Analyse auch bereits angelegt ist - eine schärfere Unterscheidung. Ich glaube ebenfalls nicht, daß Benjamin hier als Kronzeuge für Baudrillards Thesen angeführt werden kann.

<u>Hartmut Schröter:</u> Ich denke, daß es irreführend ist, hier von der Reproduktion des Kapitals zu reden. Die ist erstmal gar nicht im Blick, sondern die Technik als Medium und gerade die serielle Produktionsweise. Er meint, daß es weniger darauf ankommt, was man mit der Technik machen kann und was für einen humanen Sinn das hat, sondern auf die bloße Produktionsform. Die technische Produktionsform ist ja als serielle Produktion Reproduktion. Sie ist die 'Botschaft'. Es kommt also gar nicht auf die Effekte und Produkte an, sondern auf die Form, und die Form ist das Erzieherische. Insofern würde ich sagen, trifft Dein (Gerd Kimmerle) Gegenargument erstmal nicht. Auch das Kapital wird ja im Gegensatz zu Marx von Baudrillard so analysiert, daß es keine Finalität hat, sondern im bloßen Betrieb des Sich-Selbst-Reproduzierens seinen Sinn hat und nicht so sehr in dem, was man Mehrwertabschöpfen nennen könnte.

<u>Gerd Kimmerle:</u> Mir ging es nur darum, darauf hinzuweisen, daß die Reproduktion nicht gegen die Produktion ins Feld geführt werden kann, daß sie vielmehr selber eine historische Form von Produktion darstellt. Baudrillard beschreibt hier eigentlich nochmal genau den Zusammenhang, den Marx als ökonomische Formbestimmung, übrigens auch von Technik, entwickelt hat, sodaß ich nicht einsehe, inwiefern hier eigentlich etwas über Marx hinausgedacht ist.

<u>Ulrich Sonnemann:</u> Es kann aber sein, daß ein bestimmtes Moment am Produktionsprozeß, das aus der Marx'schen und Benjamin'schen

Sicht noch durchaus zur Produktion gehört, so überhand nimmt, daß an einem bestimmten Punkt Quantität in Qualität umschlägt, das heißt, daß die Gesamtkonstellation dann diese, na sagen wir mal, Baudrillard schen Züge annimmt. Dann würde sich nur die Frage stellen: ist dieses Prinzip der endlosen Reproduktion, d.h. der Ersetzung vom symbolischen Tausch durch ein System von Simulacra, schon Herr über die Geschichte geworden? Das aber scheint mir seine Rechnung ohne die Geschichte gemacht zu haben. Wenn ein solches System sich auf diese Weise ausbreitet, daß es innerhalb seiner keine Gegenkräfte mehr gibt, die es übersteigen könnten, dann ist es der Brauch der Geschichte, von außen in dieses System einzubrechen und es zu zerstören.

Gert Mattenklott: Auf etwas wollte ich noch aufmerksam machen, was interessant ist, wenn Baudrillard gerade Benjamin als Zeugen wählt. Bei Benjamin ist die Tendenz der Bewertung dieses Prozesses ja derjenigen Baudrillards eher entgegengesetzt. Also in diesem "Reproduzierbarkeits"aufsatz ist ja gerade ein uns heute sehr dubios erscheinender Optimismus in die Reproduzierbarkeit gesetzt. Benjamin verspricht sich gerade von der wertfreien Reproduktion der Wirklichkeit, also von dem bloß Technischen des wertfreien Abbildens, eine emanzipatorische Möglichkeit der Kunst. Das entspricht auch etwa der Bauhausästhetik seiner Zeit, wo die Neuschöpfer sich ähnliches von der Hygiene des Objekts versprochen haben, etwa dem Kamera-Auge, das ohne Verzerrung das Objekt abbildet.

Dietmar Kamper: Aber das muß doch nichts besagen. Eine Erkenntnis, die ich dann bewerten kann, kann ja unter anderen Bedingungen durchaus umgewertet werden; und so verstehe ich das hier auch. Ich bin sicher, daß Baudrillard sagt: ich sage nicht das, was Benjamin sagt, sondern beziehe mich auf etwas, was Benjamin auch schon entdeckt hat, und verschärfe es jetzt so, daß ich gleichsam von dem '3. Zustand der Simulation' aus rückblickend sagen kann, die Geschichte ist ein 'Simulakrum 2. Ordnung'. Und jetzt ist die Frage: wie will man das bewerten? Kann man das bejahen? Also es liegt darin eine Tatsachenaussage, die die Tendenz zur Unbeschreibbarkeit hat. Wie überhaupt die Hauptaussagen Baudrillards einen solchen Charakter haben. Ich weiß nicht, wie man damit umgehen soll. Denn es sind Aussagen über Sachverhalte. Die kann man teilen oder man kann sagen, man teile sie nicht. Was ist der Indikator dafür, daß sie nun treffend sind? Was ist ihre Plausibilität? Ich habe mich das sehr oft gefragt beim Lesen, was macht es mir plausibel, daß ich so einen Satz wie "der heutige Idealismus ist einer der Transparenz" verstehe, ohne daß ich verstehe, warum ich das verstehe.

<u>Gert Mattenklott:</u> Ich sehe das auch nicht nur als ein philologisches Problem an. Sondern beide Theorien, also die Benjamins im "Reproduzierbarkeits"aufsatz und ihre Reprise bei Baudrillard, interpretieren ja historisch vergleichbares Material. Es ist doch interessant, daß zwei ihrer Tendenz oder ihrer Wertung nach ganz entgegengesetzte Schlüsse aus der Analyse desselben historischen Materials gezogen werden, eben des Materials der Moderne, das in bestimmten Bereichen, z.B. der Ästhetik, eben das von Reproduktion ist. Die Differenz ergibt sich vielleicht aus der mehr oder minder großen Nähe zu diesen historischen Materialien. Es ist die Frage, ob die Folgerungen, die Baudrillard zieht, relativiert werden müßten und könnten, wenn man sie auf ein ganz bestimmtes historisches Beobachtungsfeld bezieht. Also ich würde dazu tendieren, Baudrillard zu fragen, auf welche Symptome, auf welche Indizien, auf welche Materialien stützt sich seine Betrachtung eigentlich und worauf hat sich Benjamin bezogen, als er die Tendenz zur Reproduzierbarkeit damals anders beschrieb.

<u>Michael Rutschky:</u> Das ist schon immer mein Problem mit dem "Kunstwerk im Zeitalter seiner technischen Reproduzierbarkeit" gewesen, daß man nicht das Gefühl hat, daß Benjamin etwas vom Kino versteht. Also das Problem der Reproduzierbarkeit hat im Kino eine große Rolle gespielt zu einem Zeitpunkt, als Hollywood kein Stars mehr produzieren konnte. Und alle Versuche, sozusagen synthetisch Stars zu erzeugen, Kim Novak und Ava Gardner oder sowas, haben nicht funktioniert. Der Naturstoff "Star" war sozusagen nicht mehr vorhanden, bzw. das Hollywoodsystem war auch so erstarrt, daß es die Stars nicht mehr fand. Das hat sich dann in den sechziger Jahren wieder geändert. Aber man

hat bei Benjamin das deutliche Gefühl, daß er nicht auf der Höhe des Kinos seiner Zeit ist. Das macht es erstens schwierig, den "Kunstwerk"aufsatz auf bestimmte Erfahrungsmaterialien zu beziehen, und macht es erst recht schwierig, die Verdopplung durch Baudrillard, die auch noch die Benjaminsche Tendenz ändert, zu diskutieren.

Hartmut Schröter: Baudrillards Kronzeuge ist mehr McLuhan, und Benjamin interpretiert er in Richtung auf McLuhan; so verstehe ich diese Stelle. Und damit meint er also: "das Medium ist die Botschaft". Alle Inhalte werden in den Medien verzehrt. Und im Gegensatz zu Benjamin, wo das Problem noch regularisierbar scheint, behauptet Baudrillard, das sei zum Grundzug unserer Wirklichkeit überhaupt geworden. Das Medium ist die Botschaft, das heißt hier, daß alle Ziele, alles, was Zweck dieses Mediums sein kann, verzehrt wird in und durch die bloße Form, in der es sich als Betrieb reproduzieren muß. Und das ist, darauf würde ich weiterhin bestehen, ein völlig anderer Begriff von Reproduktion als im Marxschen Werk. Und dieses Produzieren um seiner selbst willen, das zum Grundzug der Wirklichkeit wird, weswegen er auch das Wort 'Technik' nennt, ist auch das Verzehren der Geschichte. Der genaue Begriff der Geschichte, den Baudrillard hier kritisiert, läßt sich aus seinem Buch eruieren, nämlich Geschichte als Versprechen, daß das, was man tut, produziert, irgendwo, in einem Effekt, in einem humanen Sinn oder Ziel zu seinem Zweck kommt. Und die These ist, daß das nicht mehr passiert, sondern alle Zwecke wieder verschlissen werden in diesem Prozeß der Reproduktion. Und da geht es mir genauso wie Ihnen (Dietmar Kamper), das versteh ich sofort, weil es offensichtlich ist oder jedenfalls eine ungeheure hermeneutische Kraft entfaltet, sobald es mal ausgesprochen ist. Zugleich kann man theoretisch sehr viel dagegen einwenden. Aber als Analyse gegenwärtiger Prozesse hat mich das sehr beeeindruckt, ist es mir irgendwie evident geworden.

Ulrich Sonnemann: Gerade an dieser Kritik ist aber im Grunde nicht sehr viel Neues. Das liegt auf Benjaminscher Linie, im Grunde schon auf Nietzsches Linie, das liegt auf der Linie der Kritik am Historismus. Es gibt andere Möglichkeiten eines Geschichtsbegriffs. Benjamins Thesen zum Begriff der Geschichte sind da nur eines von mehreren zitierbaren Beispielen. Und es ist mir auch so gegangen wie Dietmar Kamper. Ich verstehe diese Funde oder Wahrnehmungen von Baudrillard, und gleich frage ich mich, verstehe ich, was und warum ich das verstehe. Was sind das eigentlich für Wahrnehmungen, bei denen einem genau dies passieren kann? Nach meiner Beobachtung sind das dann immer physiognomische Wahrnehmungen. Die haben ja das Merkwürdige, daß sie sich systematisch nicht abschließen, was ja bereits Lichtenbergs und Hegels Kritik an Lavater war. Und den Versuch, das systematisch abzuschließen, wittere ich bei Baudrillard. Ich würde also emphatisch nochmals betonen, daß vor der Schlußfolgerung, daß nicht bloß eine bestimmte Auffassung von Geschichte, sondern die Geschichte selber mit diesem Simulationsbetrieb bereits erledigt sei, nur gewarnt werden kann.

Heidrun Hesse: Mir scheint, daß die Kritik, die Baudrillard an der Politischen Ökonomie meistens anbringt, in der Tat fehlgeht, weil dort eine ganz ähnliche Bewegung, wie er sie beschreibt, nämlich die Aufsaugung der Produktionsarbeit durch die Reproduktionszwänge, schon analysiert ist. Der entscheidende Gegensatz, der entscheidende Punkt, in dem Baudrillards Kritik an der Marx'schen Theorie ansetzt, liegt meiner Meinung nach woanders. Er versucht nämlich zu zeigen, daß es so etwas wie eine begrenzte Produktion, eine gebrauchswertorientierte Produktion, eine sinnvoll von den Menschen in Dienst genommene Produktion prinzipiell nicht mehr geben kann. Und das bedeutet, daß auch alle Kritikbegriffe vom System aufgesaugt werden. Selbst die Beschreibung eines Systems von Produktion und Reproduktion findet keinen Standpunkt mehr, der außerhalb dieses Systems von Produktion und Reproduktion liegt. Und das ist genau der Prozeß, in dem das, was emphatisch Geschichte heißt, nämlich daß die Menschen selber die Geschichte machen und nicht bloß irgendwelchen geschichtlichen Wandlungen unterliegen, aufgesaugt wird. Daß man diese Diagnose einerseits verstehen kann, andererseits aber nicht weiß, warum, dieses Problem scheint mir auch systematisch mit diesem Gedankengang zusammenzuhängen. Die These ist ja, daß es überhaupt keinen Bezugspunkt mehr gibt, auf den hin ich Theorien, Zielsetzungen, Zwecksetzungen überprüfen kann. Deswegen tun wir uns auch so schwer damit, zu sagen, welche Phänomene nun eigentlich beschrieben sind. Auf der anderen Seite ist es aber so, daß man da natürlich prächtig mitspielen kann. In die Simulation kommt man sofort rein, das macht sogar sofort Spaß. Da sitzt man wie vorm Computer und spielt mit den Tasten und läßt das Spiel immer weiterlaufen. Diese ganze Terminologie, derer sich Baudrillard befleißigt und die Herr Kamper jetzt aufgenommen hat ..., das sind so Wörter, die kommen aus dem Mund raus, wie sie reingegangen sind, da ändert sich überhaupt nichts dran. Das ist wirklich nur noch ein Spiel mit Lutschern.

Gerd Kimmerle: Zu der Plausibilität, die hier festgestellt wird und mit der man auf merkwürdige Weise nichts anfangen kann. Denn es ist offensichtlich eine Plausibilität, in der wir dann alle leben und mit der wir herumspielen, ohne daß sie noch viel Sinn hat. Um das einmal aufzugreifen, was Herr Kamper gesagt hat, ja, die Plausibilität ist da, aber ich halte das für die große Schwäche. Und zwar deshalb, weil, wenn die Plausibilität angenommen ist, das ja heißt, daß wir in einem universellen Simulationszusammenhang leben. Wenn diese These stimmt, dann dürfte eigentlich ihre Plausibilität nicht stimmen. Und zwar deshalb, weil, wenn wir in den Simulationszusammenhang eingeschlossen wären, es nicht mehr möglich wäre, was Baudrillard ja intendiert, eine kritische Analyse der Simulation zu leisten. Und die Frage ist, bleibt an Baudrillard zu stellen, wie kann eine Analyse kritisch sein und gleichzeitig den Simulationszusammenhang von innen beschreiben wollen, also im Grunde die alte Frage nach dem Zusammenhang von Analyse und Kritik. Meines Erachtens ist beim Baudrillard das Problem dasselbe, das auch beim Marx schon da ist. Denn Marx versucht ja den Zusammenhang des Kapitals als einen zu analysieren, der den Fetischcharakter der Waren, d.h. gesellschaftlich notwendigen Schein, erzeugt. Die Frage ist, wie eine transzendierende Perspektive über den bestehenden Zusammenhang hinaus eigentlich noch möglich ist, wenn alles in den Schein einbegriffen ist. Das neuzeitliche Denken ist ja eigentlich seit langem auf dem Weg, die Metaphysik zu verabschieden. Das ist ja fast ein allgemeiner Konsensus seit dem 18. oder 19. Jh., daß das Denken anti-metaphysisch zu sein hat. Aber ich glaube, daß der Kern der Metaphysik bewahrt geblieben ist, nämlich ein metaphysischer Wahrheitsbegriff. Der scheint mir auch bei Baudrillard immer noch gegeben zu sein. Es geht ja nicht nur darum, daß wir seine Beschreibung der Gegenwart plausibel finden, sondern daß wir hier einen kritischen Impuls wahrnehmen. Die Frage wäre, wie ist dieser Zusammenhang zu entwickeln, ohne sofort in die Perspektive einer Transzendenz, eines ganz anderen, sei es der symbolische Tausch, sei es etwas anderes, zu springen, d.h. in eine Beschreibung, die von vornherein schon eine Position des Außerhalb einnimmt. Das scheint mir das Grundproblem zu sein, daß in die Beschreibung von dem, was wir simulieren, wie wir simulieren, eine kritische Perspektive von außen eingeblendet wird, die von einer archimedischen Art der Wahrheit herkommt. Das hängt mit dem Wahrheitsbegriff zusammen, von dem her Baudrillard die Geschichte als ein Entwirklichungsgeschehen beschreibt. Und das könnte auch mit seinem Begriff der Sprache zusammenhängen. Er beschreibt ja Sprache zunächst einmal als ein Zeichensystem, das früher Referenzbeziehungen besessen hat und nun die Referenzbeziehungen verloren hat. Nun wäre zu fragen, ob eine derartige Referenzsemantik von Sprache nicht bereits Sprache als ein urteilslogisch bestimmtes Zeichensystem versteht. Das heißt, Sprache ist ein System von benennbaren Bezeichnungen, die verwendet werden können, um Urteile über Dinge abzugeben. Damit ist ein logischer Sprachbegriff eingeführt und der nächste Punkt ist dann, daß die Referenzbeziehungen erlöschen und nur noch ein in sich verselbständigtes System von ineinander austauschbaren Zeichen vorhanden ist, d.h. genau ein mathematischer Algorythmus. Nur wäre zu fragen: stimmt denn eigentlich die Referenztheorie über die Sprache? Und ich meine, daß diese beiden Fragen, die nach der Wahrheit von außerhalb und die nach der Referenz auf ein anderes verweisen, wobei dieses andere nur im Meinen oder in der Vorstellung von dem, der verweist, vorhanden sein kann, und dadurch entsteht eine Art absolutistischer Solipsismus.

<u>Gert Mattenklott</u>: Ich bin gar nicht so sicher, daß das wirklich ein archimedischer Punkt von außerhalb ist, der in dem Fall der Fluchtpunkt des Kritikers ist. Mir scheint zutreffender eigentlich, was Herr Sonnemann sagte, daß es ein Typus physiogno-

mischen Denkens sei. So ein Begriff wie der der Simulation ist ja kein kritischer Begriff eigentlich, sondern eine bestimmte Figur, die beschrieben werden soll und die entwerfenden Charakter hat. Und die Faszination dieser Theorie geht für mich davon aus, daß sie auf dieses einmal entworfene Bild hin, auf diese einmal entworfene Figur hin, jetzt gewissermaßen eine Pflicht läuft, diese Figur abläuft. Und die wird mit einer rhetorischen Besessenheit geradezu obsessiv zu Ende geführt. Simulation heißt dieser Entwurf, und ihm darf sich nun auch nichts entziehen. Ich empfinde das als einen totalisierenden Zugriff, der am empirischen Material dann nur noch Belegstücke eigentlich einsammelt. Es ist kein archimedischer Punkt von außerhalb, sondern diese Figur selbst ist eigentlich der Punkt, wenn man so will. Physiognomisch nannten Sie (Ulrich Sonnemann) es; ich könnte auch sagen, es ist eine rhetorische Figur oder so etwas. Oder es wird immer wieder auch in rhetorischen Figuren ausgeführt, die sich dann komplettieren, quasi im Selbstlauf und eigentlich dann fast geschichtsfern. Für mich stellt sich die Frage, wie ist dieses so sehr an ästhetische Faszinosa, an ästhetische Figuren und rhetorische Figuren verfallene Denken eigentlich falsifizierbar. Ist es angemessen, jetzt zu sagen, ich habe anderes erfahren. Ist das gelebte Leben, mein gelebtes Leben, ein Einspruch, ein zugelassener, von dem her solche Beschreibungen, wie Baudrillard sie gibt, zu überprüfen, möglicherweise zu falsifizieren sind?

Gerd Bergfleth: Ich bin überrascht, daß die Simulationstheorie auf allgemeinen Widerspruch stößt, und deshalb möchte ich zunächst mal eine kleine Lanze für sie einlegen, bzw. versuchen, sie etwas genauer zu fassen. Ich glaube nicht, daß die Simulation für Baudrillard allein Reproduktion meint. Das ist ein Fall unter anderen, aber das ist nicht zentral. Wenn man an die Geschichte des Simulationsbegriffs denkt, die Baudrillard zwar nicht ausgeführt hat, aber auf die er sich bezieht, dann muß man sehen, daß hier der zentrale Gegensatz, der formuliert wird, der zur Wahrheit ist. Und zwar hat Simulation einerseits, da muß man später noch darauf kommen, eine theologische Geschichte, von Augustin her, in bezug auf die Ersetzung Gottes durch Götter, Götzenbilder und dergleichen. Anderseits bezieht sich Baudrillard auf den französischen Kontext. Meines Wissens hat Klossowski das Simulakrum in die moderne Diskussion eingebracht, auf Klossowski hat sich Deleuze bezogen. Deleuze hat den Begriff aus dem Theologischen Kontext, den er bei Klossowski noch hatte, herausgelöst und verallgemeinert, indem er das Simulakrum gegen den Platonismus gestellt hat. Und zwar tritt das Simulakrum ein als Neutralisierung des Platonischen Gegensatzes von Wesen und Erscheinung. Die zweite Quelle ist Nietzsche, das darf man auch nicht vergessen, sofern diese Neutralisierung als Schein auftaucht. Und für den französischen Kontext ist eben zentral, daß die Wahrheit verschwunden ist, daß man versuchen muß, die unmögliche Wahrheit nachzubilden. Und von daher kommt man eben auf Simulakren. Das Simulakrum steht im Gegensatz zum alten metaphysischen Wahrheitsbegriff, löst den aber auf. Und ich glaube, wenn man Nietzsche mit hinzunimmt, Nietzsches Verabschiedung der Platonischen Metaphysik, und sich nicht versteift auf Reproduktion-Produktion, daß dann eine gewisse breitere Basis für die Universalität des Simulationsproblems auftaucht. Ich selber würde sagen, daß man Simulation nur von außerhalb bestimmen kann. Was dieses Außerhalb wäre, das wäre aber noch eine andere Frage.

Horst Folkers: Das Außerhalb hat ja in der modernen Diskussion durchaus auch einen guten, einen prominenten Sinn. Also, Adorno schreibt seine "Negative Dialektik" mit der bestimmten Absicht, an die Stelle des Einheitsprinzips des Begriffes, welches den Immanenzzusammenhang unter sich befaßt, das zu rücken, was außerhalb ist, außerhalb nämlich des einheitsstiftenden Begriffssystems. Das Außerhalb spielt in den Denkfiguren der Moderne durchaus eine wichtige Rolle, aus dem einfachen Grund, weil es eine moderne Erfahrung ist, daß der Immanenzzusammenhang sich verschärft, verstärkt, an Kraft gewinnt. Diese Erfahrung ist doch auch eine, die hier bei Baudrillard wieder vorkommt. Wie würden denn wir, jetzt mit oder ohne Baudrillard, die bestimmten Momente eines gegenwärtig empfundenen Immanenzzusammenhangs, aus dem es jedenfalls schwer ist, auszusteigen oder auszubrechen oder ihn zu übersteigen, wie würden denn wir das beschreiben? Und ist nicht Baudrillard für die Diagnose dieses Zustands erst einmal, nun sagen wir, wenigstens eine faszinierende These? So weit möchte ich erst einmal gehen. Wie das mit dem Außerhalb dann beschaffen ist, das muß uns ja noch die ganze Zeit beschäftigen.

Dietmar Kamper: Ja, die Form der Kritik ist ja nicht fallengelassen. Das ist vorgetragen - oft nicht lutschend, sondern sehr beißend. Worte werden nicht nur leicht genommen, sondern auch sehr schwer, als Kieselsteine... Ich glaube, Baudrillard tut sich selbst den Tort an, und das zeigt eigentlich auch die Abfolge seiner Schriften, immer weiter zu gehen, noch einen Schritt weiter zu gehen, diesem Immanenzzusammenhang, der keine Erfindung der Theoretiker ist, sondern eine Sache der Verhältnisse, soweit es irgend geht, zu folgen, ohne nun vollends das Bewußtsein, die Klarsicht und die Sinne zu verlieren, obwohl er dauernd die Konsequenzen seines Sprechens: sein Aufhören, schon mitbenennt. Also, er redet eine geschlagene Stunde über das Ende der Szene und inszeniert das noch und bereitet sich dann einen Abgang. So ein Satz wie "ich schweige jetzt" ist ja auch von dem her, was Sie (Gerd Kimmerle) eben über die Sprache ausgeführt haben, für mich nach wie vor sehr rätselhaft. Was heißt denn das? Oder, wenn ich sage "ich schweige", oder "ich müßte jetzt eigentlich schweigen"? Darin steckt doch noch immer eine Reflexionskapazität der Sprache, obwohl in dem Satz behauptet wird, daß es damit zu Ende sei. Vielleicht ist die Verbindung zu Adorno doch nicht so weit. Ich denke da an den Gipfel der "Negativen Dialektik": "solidarisch mit Metaphysik im Augenblick ihres Sturzes"; bei Baudrillard stünde da nicht 'solidarisch', sondern 'uneinverstanden', uneinverstanden bis zum letzten mit der Metaphysik. Die Metaphysik ist seines Erachtens auch ein Simulakrum 2. Ordnung und nicht der 3. Ordnung, der er das Wort redet. Also mir käme es darauf an, diesen Versuch wenigstens probeweise soweit mitzumachen, daß man ihn nicht logisch auflöst. Die logische Auflösung solcher Widersprüche oder die Zuweisung logischer Widersprüche würde Baudrillard immer auf sich sitzen lassen. Das weiß er zu gut, daß er sich dauernd in solche Widersprüche begibt. Das muß man ihm nicht nachweisen. Er braucht sich auch, glaube ich, inzwischen für sich selbst nicht mehr zu rechtfertigen. Auch nicht vor anderen. Er sagt dann immer: das ist Ihr Problem, wenn das für Sie noch eine Art der Widerlegung ist.

Gerd Kimmerle: Es geht natürlich nicht darum, Baudrillard logische Widersprüche nachzuweisen. Das wäre ja albern. Ich meine, wer sich widerspricht, widerspricht sich, warum nicht, daran ist doch nichts auszusetzen. Es geht nur darum, zu fragen, ob in dem Widerspruch nicht sehr viel mehr steckt als nur Logisches. Ein Immanenzzusammenhang wird immer erst konstituiert, darum geht es. Man erfährt Immanenz als Immanenz immer nur aus der Perspektive einer Transzendenz, sonst löst sich der ganze Dualismus auf. Mein Einwand wäre der, daß bei Baudrillard alle inneren Differenzen aufgelöst werden zugunsten der einen großen absoluten Differenz zwischen dem System auf der einen Seite und dem, was das System transzendiert auf der anderen Seite. Und das dieses Transzendierende, was auf ein Absolutes hingeht, die Perspektive abgibt, widerspricht nicht dem, daß Baudrillard zurückgeht in ein Geschichtliches. Für ihn ist es ja nur möglich, den Schein als Schein zu durchschauen, indem er auf einen Gegenpol zurückgeht, der geschichtlich vergangen und zerstört worden ist. D.h., was hier stattfindet ist eine Ursprungserinnerung, die gleichzeitig eine Ursprungsenthüllung von dem ist, was für uns verloren ist und was, erreichbar oder nicht, dasjenige ist, auf das hin das System gewaltsam gesprengt werden soll. Ich meine, hier ist eine Totalisierungstendenz vorhanden. Das System schließt sich völlig in sich ab und läßt nichts in sich bestehen, was anders ist. Dieses Andere wird völlig außerhalb dieses Systems angesetzt, als etwas, was geschichtlich vor dem System ist oder was nach dem System vielleicht kommt, wenn es aufgesprengt wird. Und zwischen diesem und dem im System Gefangenen wird eine Kommunikation oder eine Beziehung kurzgeschlossen oder ausgeschaltet, und zwar immer über eine Wahrheit und d.h. daß der Mensch im Namen Gottes terrorisiert wird, daß ein Terrorismus der göttlichen Wahrheit stattfindet. Ich glaube, daß das Problem in dem Wahrheitsbegriff steckt, der den Anspruch erhebt, ein Ganzes von Schein zu durchschauen.

Marlis Gerhardt: Mich stören eigentlich schon die logischen Widersprüche, muß ich sagen. Ich finde das auch nicht ganz egal, ob jemand sich logisch widerspricht. Also so flott irrational möchte ich mich eigentlich nicht beteiligen. Aber meine Schwierigkeit mit diesen Sätzen, mit dieser Argumentationsstruktur ist eigentlich eine andere. Denn das sind zum großen Teil Sätze, die so tun, als seien sie deskriptiv. Sie (Ulrich Sonnemann) nennen das 'physiognomisch'. Ich glaub', ich mein' etwas ähnliches. Im Grunde ist das alles verkappter Moralismus, eine verkappte Moraltheologie mit Wertungen, die in sich völlig unüberprüfbar sind, die ich weder verifizieren kann noch falsifizieren. Ich kann das alles glauben oder nicht. Vorhin sagte jemand, irgendwie ist mir das evident. Das finde ich natürlich ganz verräterisch. Wenn mir etwas irgendwie evident ist, dann werde ich mißtrauisch, denn das 'irgendwie' und das 'evident' passen ja nicht zusammen.

Gert Mattenklott: Herr Kimmerle, Sie sagten, der Punkt, auf den hin das System gesprengt werden soll, liege geschichtlich vor dem System und versuchten, die Baudrillardsche Konzeption ursprunsglogisch zu beschreiben. Nun glaube ich, daß das nicht ganz richtig ist. Es ist nicht das, was geschichtlich vor dem System liegt, das wäre entstehungsgeschichtlich gedacht. Sondern 'Ursprung' ist hier eben nichts Historisches, sondern etwas, was logisch oder metaphysisch vor dem System liegt. Er findet dafür dann allerdings ganz konkrete physische Indizien, eben in all dem Ausgeschlossenen. Es gibt ja Anhaltspunkte für die buchstäbliche Realität von Zuständen, von Gruppen, auch von einzelnen, die diesem Systemzusammenhang entkommen sind oder die daraus ausgeschlossen sind. Also so ist es bei ihm definiert: nicht die aus eigener Kraft entkommen sind, sondern die per Ausschluß freigesetzt sind. Also wer ist hier eigentlich im Besitz des Authentischen, wie Adorno sagen würde, oder des Echten, was er nicht sagt, oder der Wahrheit, wie man wohl sagen könnte. Anders könnte man auch fragen, was eigentlich ist für Baudrillard nicht simulierbar, nicht fälschbar. Nicht fälschbar sind für ihn offenbar, ja, wie soll man sagen, der Habitus oder das Protestpotential der Schwarzen, der Frauen, der Homosexuellen usw.. Also er verklärt das Protestpotential in den Metropolen, was in diesem Punkt für mich fast eine altmodische Reprise auf Marcuse ist.

Ulrich Sonnemann: Das Merkwürdige ist doch, daß Baudrillards Theorie im Grunde eine Geschichtstheorie ist. Und es ist auch ganz deutlich eine, die zu absolutisierenden Urteilen neigt. Insofern als sie das tut, ist es schon wichtig, zu beachten, daß da eben logische Widersprüche sind, und diese Theorie selber fordert dazu heraus, aufmerksam darauf zu werden, daß sie unter diesem ihrem Anspruch nicht aufgeht. Andererseits ist sie ihrem eigenen Gewebe nach eine Geschichts-Ästhetik mit moralisierenden Einsprengseln. Und unter diesem Gesichtspunkt ist es natürlich nicht damit getan, auf die logischen Widersprüche hinzuweisen. Nur, wenn man sie unter diesem anderen Aspekt betrachtet, dann ergibt sich etwas noch Erstaunlicheres, nämlich: daß diese Theorie im Grunde etwas tut, was immer wieder getan worden ist und was die Geschichte immer wieder widerlegt hat, daß man nämlich eine bestimmte wahrnehmbare Tendenz jeweils jüngster Zeiten tangential sich verlängert denkt und Zukunftgeschichte sozusagen in diesem Zeichen sieht. Als würde dann alles nur noch gröber, immer noch schlimmer und fresse alles auf. Genau das stimmt aber nicht, weil sozusagen das "Pi" der Geschichtskurvatur dabei unbeachtet bleibt, das seinerseits wiederum diese tangentialen Vorstellungen wahrscheinlich braucht, um *sie* zu zerstören. Und zu dieser Art tangentialer Geschichtstheorie würde auch Baudrillards Sicht gehören. Mit anderen Worten, seine Beispiele sind zutreffend, das ist ja wirklich so. Aber er bezieht alles das nicht in seinen Fokus ein, was unter Umständen auf viel einfachere Weise als von Seiten solcher altmarcusistischen Exemplifizierungen heranzuziehen wäre, um eine andere Tendenz bereits sozusagen im Bauch dieser Gegenwart, mit der er es zu tun hat, zu erraten. Auf diese Weise verfehlt Baudrillard wahrscheinlich eben das "Pi" der Geschichtskurvatur. Aber das kann sowenig bewiesen werden, außer durch die Geschichte, die sich noch nicht ereignet hat, wie er selber irgendetwas beweist.

Horst Folkers: Wenn man auf die geschichtsphilosophische Deutung sieht, die Baudrillard gibt, dann ist es ja so, daß die Stufe, die durch die Simulation, also den gegenwärtigen, sagen wir Immanenzzusammenhang abgelöst wird, die Stufe der Produktion für ihn ist. Und die erste Frage ist eigentlich: die

Verabschiedung der Marx'schen Analyse, die Verabschiedung einer Theorie der Industriegesellschaft - ist das schon plausibel? Ich will versuchen, das mal an einem Begriff näher darzustellen. Die These eines sich vervollständigenden oder totalisierenden Immanenzzusammenhangs ist ja gleichzeitig die Analyse einer Wirklichkeit, die kein Gegenüber mehr kennt. Nun kann man feststellen, daß gerade in der französischen Tradition, um das nur als Beispiel zu nehmen, das Gegenüber immer eine sehr prominente Rolle gespielt hat. Also das Cartesianische Cogito war ja sehr intensiv als ein Gegenüber gedacht, als eines, das sich herausziehen kann aus dem ganzen Rest von Extensio. Das war ja eine spezifische Kraft, die in dem Gegenüber lag. Wie sich das im einzelnen abgespielt hat, tut jetzt nichts zur Sache. Ich würde aber immerhin sagen, daß die Analyse von Produktion, die Marx vor Augen hatte, sich dadurch auszeichnet, das auch Marx in einem sehr intensiven Sinne "Gegenüber" kannte. Es ist bei ihm kategorial verankert. Er hat gegenüber dem Tauschwert das Gegenüber des Gebrauchswerts, er hat gegenüber der Klasse des Kapitals eben die Klasse des Proletariats. D.h, Produktion für Marx erneuert immerfort den Klassengegensatz, weil sie immerfort den ausgepowerten Arbeiter erneuert - und der wird das schon irgendwann stürzen, das System. Das heißt, das System produziert sein eigenes Gegenüber. Marx hat das dann, um das sozusagen endgültig zu identifizieren, nochmal im Fetischcharakter der Ware dargestellt. Da hat er diesen merkwürdigen Ausdruck gebraucht, die Ware sei ein "sinnlich-übersinnliches Ding". Man hat noch sehr genau gehört damals, das war damals noch notwendig; wenn man "sinnlich-übersinnlich" sagt, dann sagt man etwas wie "hölzernes Eisen". Denn was sinnlich ist, ist dadurch definiert, daß es nicht übersinnlich ist, und was übersinnlich ist, ist dadurch definiert, daß es nicht sinnlich ist. Das waren die theologischen Mucken, die Marx da der Ware nachweisen wollte. Das müßte man jetzt genauer beschreiben, warum denn die Ware ausgerechnet zugleich sinnlich und übersinnlich ist. Das hängt natürlich damit zusammen, daß einerseits in ihr vergegenständlichte, durch Arbeit vergegenständlichte, umgeformte Natur enthalten ist, andererseits etwas rein Gesellschaftliches, wo man nicht weiß, ob die Freiheit nicht gerade darin untergegangen ist oder noch eben das Morgengrauen einer kommenden Freiheit darin steckt. Jedenfalls hält Marx das offen. Alles kommt bei dieser Theorie darauf an, daß das Gegenüber nicht weg ist. Also am sichtbarsten natürlich im Klassenkampf. Alles kommt darauf an, sonst ist die ganze Theorie falsch, wenn das weg ist. Und nun macht Baudrillard den Eindruck eines Marxisten, dem das Gegenüber abhanden gekommen ist, also sagen wir das ganz einfach mal wieder: das Proletariat ist davongelaufen, das Proletariat ist kein Gegenüber mehr zum System. So. Ich meine, das ist jetzt vielleicht eine sehr alte Diskussionslage, wenn wir dies jetzt wiederholen, nicht. Zunächst die Frage: können wir mit marxistischen Kategorien überhaupt noch analysieren, wenn wir davon ausgehen müssen, was Baudrillard hier mehr oder weniger voraussetzt, daß das Proletariat als Gegenüber nicht mehr in Frage kommt? Der Produktionszusammenhang, den wir eingerichtet haben, produziert überhaupt kein Proletariat mehr; er produziert in sich kein Gegenüber mehr, von dem eine sprengende Kraft ausgehen kann.

<u>Dietmar Kamper:</u> Ja, das muß man jetzt zunächst einmal so nehmen und nicht gleich wieder suchen, ob es nicht vielleicht doch noch irgendetwas gibt. Und das Einleuchtende daran, das Evidente, das läßt sich natürlich sehr schwer rechtfertigen. Ich glaube, wir sind in dieser Beziehung alle Illuminaten geblieben letztendlich; denn die Illumination ist ja das Einleuchten des Lichts, und das kann man weder beweisen noch rechtfertigen, und da kann man nur "ja" sagen oder "nein" sagen. Es ist aber noch etwas anderes im Spiel. Diese Doppelbödigkeit des Baudrillard᠎schen Schreibens sehe ich ein wenig im Zusammenhang damit, daß er versucht, der Rechtfertigungsobsession der gegenwärtigen Diskurse zu entkommen. Odo Marquart hat jetzt in Berlin einen sehr interessanten Vortrag gehalten, in dem er sagte, daß unsere wissenschaftlichen und vor- und nachwissenschaftlichen Diskurse einen unaufhaltsamen Hang zur Tribunalisierung haben, daß jeder sich rechtfertigen muß und auch jeder Ankläger ist, also in irgendeiner Situation den Gegenpart spielt, um den anderen zur Rechtfertigung zu zwingen. Das würde dermaßen zunehmen, daß man sich doch endlich mal fragen müßte, woran das eigentlich liege. Und er kommt, wie das nicht anders zu erwarten

war, auf verkappte, vergessene Theodizee-Motive. Seine Überlegung ist die, daß die Neuzeit die Theodizee, die Rechtfertigung Gottes angesichts der Übel der Welt, irgendwann übertragen hat auf den Menschen und daß es jetzt um Anthropodizeen geht, die auch diese Strukturen haben: Gerichtshofstrukturen, die sich in unseren Diskursen ausbilden. Man müsse also davon ausgehen, daß es im Augenblick um das große Projekt gehe, den Menschen zu rechtfertigen - oder ihn anzuklagen, ihm vorzuwerfen, daß er mit den Übeln der Welt nicht fertiggeworden ist, vielleicht selber das größte Übel überhaupt ist. In diesen Zusammenhang, meine ich, gehört diese eigenartige Gespaltenheit des Baudrillard'schen Redens hinein. Auf der einen Seite, glaube ich, versucht er sich da herauszuziehen. Viele seiner Diskussionsbemerkungen, die ich so kenne, laufen über die abweisende Geste "das betrifft mich nicht". Dann aber stellt er sich hin, da wird es dann ganz irrsinnig, entblößt die Brust und sagt, fast wie Luther, "ich bin Nihilist". Was ist das für eine Figur? Hier stehe ich, ich kann nicht anders, ich bin Nihilist. Das ist in diesem Triester Vortrag ja sehr einprägsam. (Jean Baudrillard, Transparenz, in: Probleme des Nihilismus, Dokumente der Triester Konferenz 1980, Berliner Hefte Nr. 17, Berlin 1981, S. 30 - 37) Er hat da die beiden Formen des Nihilismus noch einmal zusammengefaßt, die dem unsrigen vorausgehen. Also da ist zunächst der Nihilismus der Romantik, der die Erscheinungswelt und deren Ordnung zerstört habe, und dann der Nihilismus (Surrealismus, Dadaismus) des Absurden, der politische Nihilismus, der die Zerstörung des Sinns und dessen Ordnung bewirkt habe und jetzt gibts einen neuen, den Nihilismus der Transparenz. Der ist nicht mehr ästhetisch, nicht mehr politisch. Er holt sich weder von der Zerstörung der Erscheinungswelt, noch der des Sinns sein Pathos, er verzichtet auf alle apokalytischen Nuancen. Die Apokalypse findet nicht mehr statt. "Schluß mit der Apokalypse. Heute sehen wir uns der Förderung und Ausbreitung des Neutralen, Indifferenten mit all seinen Formen gegenüber, einer Apokalypse der Indifferenz." (a.a.O. S. 31) Und mitten in eine solche Aussagenfolge hinein kommt dann, gleichsam durch Herausspringen: "Ich bin Nihilist. Ich stelle fest, ich akzeptiere und ich nehme auf mich" - jetzt stellt er sich mitten ins Tribunal - "den riesigen Prozeß des Verschleißes und der Zerstörung der Erscheinungswelt (samt unserer Verführbarkeit durch sie) zugunsten des Sinns (der Repräsentation, der Geschichte, der Kritik usw.), der das kapitale Faktum des 19. Jarhunderts ist. Die wahre Revolution des 19. Jahrhunderts, d.h. der Moderne, ist die radikale Zerstörung der Erscheinungswelt, die Entzauberung der Welt und deren Terrorisierung durch die Gewalt der Interpretation und der Geschichte. Ich stelle fest, ich akzeptiere, ich nehme auf mich und behaupte" - also er wiederholt sogar die Floskeln des Angeklagten - "daß die zweite Revolution, die Revolution des 2o. Jahrhunderts, die Revolution der Postmoderne, der riesige Prozeß des Sinnverlusts gewesen ist und zur Zerstörung aller Geschichten, Referenzen und Finalitäten geführt hat - zu einer Sinnzerstörung, welche der vorangegangenen Zerstörung der Erscheinungswelt entspricht. Wer den Sinn zu einer Waffe macht, wird von ihm selbst erschlagen." (a.a.O. S. 32) Ich mache also noch einmal aufmerksam auf diese eigenartigen Figuren, die dann manchmal durchschlagen, und ich glaube, daß das eine gewisse Ratlosigkeit ist, die aus diesen Figuren des Sich-*s*elbst-*s*chuldig-Sprechens spricht.

Gerd Kimmerle: Ich will genau da anknüpfen, weil ja offensichtlich dieser Zwang zur Begründung mit der Struktur der neuzeitlichen Vernunft zusammenhängt. Die neuzeitliche Vernunft definiert sich selbst ja als Kritik und Kritik als Fähigkeit zur Selbstbegründung. Und ich glaube, daß der Prozeß dieses Versuches, sich selbst zu begründen, der sich ja eigentlich immer mehr selbst verstrickt hat, dessen Unmöglichkeit immer deutlicher geworden ist, an ein Ende gelangt ist. D.h. die Erfahrung, daß die Vernunft sich selbst und ihre Erfassungs- und Beschreibungsmittel der Wirklichkeit nicht aus sich selber begründen kann, nicht nur das, sondern überhaupt nicht begründen kann, steht eigentlich im Hintergrund dessen, was man so den Zusammenbruch der Philosophie oder der Metaphysik nennen könnte. Nun sind da für mich zwei Probleme. Erstens: wenn 'verbindlich reden' nicht mehr heißen kann, begründet zu reden im Rückgang auf grundlegende Maßstäbe oder grundlegende Prinzipien, die wir alle zu teilen in irgendeiner Weise gezwungen sind, sei es, daß sie evident sind, sei es, daß sie aus dem Absoluten, der Selbstbegründung des Absoluten, ableitbar sind oder wie auch immer. Wenn das verschwunden ist, dann ist meine Frage, weil das offensichtlich zur Zeit alles ziemlich problematisch und unklar ist: ist dann an irgendeiner Weise, verbindlich zu reden, überhaupt noch festzuhalten? Oder welchen Sinn hat es, dies zu versuchen? Und das zweite Problem, das ich dabei habe, ist folgendes: verstehen, im Sinne, daß es einem einleuchtet, kann man doch offensichtlich nur Vergangenes. Und ich vermute im Hinblick auf Baudrillard und auch uns alle, die wir hier reden, daß wir eigentlich Gegenwärtiges begreifen mit Mitteln von vergangenen Theriestücken, mit aus der Vergangenheit stammenden Begriffen. Ich habe die Vermutung, daß, was der Baudrillard uns hier vorführt, die Begrifflichkeit stammt aus der Systemtheorie, der Kybernetik, der Informatik, seine Wurzeln im 19. Jahrhundert hat. Es handelt sich hier offensichtlich um den Versuch, mit den begrifflichen Mitteln des 19. Jahrhunderts das zu verstehen, was aus dem 19. Jahrhundert sich meinetwegen zu einer Totalität oder was auch immer entwickelt hat. Aber die Frage wäre, ob nicht dadurch eine Unterströmung, die auch schon aus dem 19. Jahrhundert ins 2o. reicht, die aber vielleicht weiterreicht, gar nicht wahrnehmbar ist oder verschwindet, d.h. ob durch diese Art zu denken nicht unsere ganze Gegenwart auf einen vergangenen Zusammenschluß von Begriffen zugedacht wird, in dem alles, was zukünftig anderes werden könnte, verschwindet. Und schließlich wäre die Frage, warum hält Baudrillard sich eigentlich im Rahmen von Theorien, wie gewaltsam auch immer, auf, warum geht er nicht über zu z.B. ästhetischen Erfahrungen, zu Adornos Versuch, ästhetische Erfahrung als ein konfigurierendes Denken zu erfassen. Wenn man etwa betrachtet, was am Ende des 19., am Anfang des 2o. Jahrhunderts in den Romanen geschieht. Ist da nicht eine ganz andere Wirklichkeitserfahrung vorhanden? Man kann an Joyce oder Kafka denken. Das ist eine Wirklichkeitserfahrung, die sich selbstverständlich nicht mehr des alten Referenzbegriffs der Realität bedient, aber auch nicht in Simulationsbegriffen faßbar ist. In ästhetischen Erfahrungen könnte eine andere Weise wirklich sein, wie Erfahrungen erschlossen werden.

<u>Gert Mattenklott:</u> Ja, daran direkt anknüpfend, aber auch an

das, was Sie sagten, Herr Kamper. Tatsächlich ist das ja auch
die Konsequenz bei Marquard. Er sagt, dieser allgemeinen Tendenz zur Tribunalisierung entkomme eigentlich nur ein Bereich,
nämlich der des Ästhetischen. Das ist für ihn der Bereich
schlechthin, in dem enttribunalisiert geredet werden darf. Und
zwar ist dies Ästhetische darum so ausgezeichnet, weil es da
möglich ist, gewissermaßen kasuistisch zu argumentieren, zu
sagen "so ist es" oder "so", also Evidenz in Anspruch zu nehmen, zu zeigen auf bestimmte Erfahrungen, die nicht mehr verallgemeinert werden und die auch nicht mehr gerechtfertigt, legi-
timiert werden brauchen. Erfahrungen, die nur davon leben, daß
jemand darauf zeigt und dieses kahle "so ist es" daran knüpft,
so sieht Marquard das jedenfalls. Und das scheint mir auch zu
reichen. Ich empfinde das als angemessene Beschreibung der gegenwärtigen Szene mit der, wie ich es sehe, doch sehr starken
Pulverisierung der Erfahrung. Was mich im Unterschied zu Baudrillard erstaunt, ist die große Heterogenität von gleichzeiti-
ger Erfahrung. Das ist für mich erstaunlich, daß er an diesen
geschichtsphilosohischen Kategorien festhält, diese Heterogenität auflöst in eine Kontinuität oder Diskontinuität von Ge-
schichtsphilosophie. Im ästhetischen Bereich kommt eben zu gro-
ßer Evidenz diese lebensweltliche Inkohärenz und Pulverisierung
von Erfahrung, daß sich also ganz Widersprechendes, ja sogar
einander Auschließendes zugleich zeigt in der aktuellen Kunst-
szene. Und mir scheint das gerade auch ein Grund dafür zu sein,
daß die ästhetische Produktion doch in den letzten zwanzig Jahren wieder allgemein, wie mir scheint, zu größerer Vitalität
gekommen ist. Was mir rätselhaft ist, ist eigentlich, warum
dieser Theoretiker Baudrillard so auf seiner Theorie besteht
und seine ästhetischen Argumentationsformen immer wieder in
die Form der Theorie zwingt. Welchem Imperativ gehorcht er da
eigentlich?

<u>Gerd Bergfleth:</u> Das Ästhetische ist für ihn der erste Bereich
der Simulation; ein weiteres Feld der Simualtion ist das Ima-
ginäre.

<u>Gert Mattenklott:</u> Aber gerade das Schlußkapital entwirft doch
ein Modell ästhetischer Rede, das von der Simulation ausgenom-

men sein soll.

Gerd Bergfleth: Ja, aber das ist eben keine Rede mehr, sondern nur noch Gestottere.

Hartmut Schröter: Ich hab ein großes Interesse daran, daß die Phänomene, die Baudrillard im Blick hat und die er dann mit der Theorie interpretiert, nicht aus dem Blick geraten. Und da ist mir nach der Lektüre des Buches von Baudrillard über Weihnachten was aufgefallen. Ich war da in Berlin im Café Einstein und konnte mir die Realität dort sehr gut mit Baudrillard erläutern. Das ist eine alte Villa, aufgekauft von irgendwelchen Szene-Leuten, die da noch zur Schickeria gehören, die wollen ein Wiener Café machen. Ich will jetzt nicht die ganze Situation beschreiben. Das ist wirklich sehr schön, man fühlt sich da auch ganz wohl, es wird einem auch Wiener Melange serviert, man kriegt da also alle Kaffeesorten usw., man wird von Leuten bedient, die - nicht in Livrée, aber - sozusagen Wiener Stil haben; junge Leute meines Alters oder jünger, von denen man genau weiß, die leben völlig anders, haben da in dem Café auch gar nicht ihren Lebensort, die inszenieren für Leute wie mich, die auch nicht daran glauben, sondern die das nur einmal vorgeführt haben wollen, für die inszenieren die dieses Simulakrum des Wiener Caféhausobers. Was die Absurdität völlig verrät ist dieses Detail: da gibt es eine Garderobe, da steht dann abends, wenn Veranstaltungen stattfinden, einer davor, völlig alleine, mit Fliege und schwarzem Anzug und so, ohne daß ein einziger Mantel abgegeben wird, verbeugt sich und läßt die Leute an sich vorbeidefilieren, nur damit die Garderobe bezeichnet ist. Das gehört einfach dazu. Keiner gibt da den Mantel ab, jeder legt ihn sich über den Stuhl. Diese simulierte Wirklichkeit, die von Leuten betrieben wird, die das selber durchschauen, für Leute, die das auch durchschauen, ist ganz schön. Das ist das Spielchen, von dem du (Heidrun Hesse) sprachst. Das findet heute natürlich in ernsthaften Bereichen genauso statt; man simuliert etwa, daß es in der Industrie noch um etwas geht. Die Hauptthese, an der ich mich bei Baudrillard probieren würde, ist die, daß er sagt, die Politische Ökonomie ist zum Simulakrum geworden. D.h. Siemens braucht die Marx-Theorie, um sich

überhaupt noch Realität zu verschaffen. Das finde ich eine
spannende These, die ja auch uns betrifft, d.h. diejenigen,
die sich als die Kritiker verstanden haben. Dann möchte ich
kurz noch einmal bestätigend auf Dich eingehen, Gerd (Kimmerle).
In diesem Buch hat er, im Unterschied zu dem Vortrag über den
Nihilismus, offenbar noch einen archimedischen Punkt. Ich könnte da beliebig zitieren. Beispielsweise hier, Seite 212, da
sagt er, es gebe ein "absolutes Gesetz", das von Gabe und Gegengabe, was er auch den "symbolischen Tausch" nennt. Und er behauptet ausdrücklich, daß auch wir dem nicht entgehen. Wir entgehen dem nicht, weil wir glauben, ihm in der Form der Negation
entgehen zu können. Also die Moderne bestimmt sich dadurch,
daß wir den symbolischen Austausch nicht mehr leisten. Aber indem wir dieses Prinzip negieren, werden wir von ihm eingeholt,
weil wir eine Scheinwirklichkeit produzieren, die uns in irgendeiner Weise einholt. Insofern scheint Baudrillards Analyse einen Außenpunkt festzuhalten, den er über ethnologische Beispiele beweist. Und ich finde das legitim, über ethnologische Beispiele zu beweisen. Warum denn nicht? Warum nicht in eine Geschichte zurückgreifen und sagen: es kommt offenbar keine Gesellschaft umhin, in diesen Austauschkategorien zu denken. Allerdings widerspricht das dem, was er in dem Nihilismus-Vortrag
als Potenzierung des Nihilismus beschreibt.

<u>Ulrich Sonnemann:</u> Ich finde das sehr einleuchtend, daß Sie (Hart-
mut Schröter) ein Beispiel aus Berlin bringen; da Berlin als
Ganzes ein Simulakrum ist, liegt das auch sehr nahe. Andererseits ist mir nicht ganz klar, wovor sie eigentlich das Phänomenale retten wollten. Das war ja gar nicht bezweifelt worden.
Dieses Phänomenale springt ja in die Augen. Problematisch wird
es, wenn wir mit Baudrillard den Schritt über das Phänomenale
hinaus zur Theorie tun. Ich erinnere mich, das liegt jetzt
schon ein bißchen zurück, daß auf Marx zurückgegriffen wurde.
Das Proletariat gebe es nicht mehr, das habe alles versagt, und
jetzt sei der ganze Marxismus nur noch eine Simulationsfaktizi-
tät für Siemens. Ja, das klingt alles sehr einleuchtend, das
ist überall dort einleuchtend, wo der Marxismus als Theorie gewirkt hat, in dem Prozeß, von dem er die Theorie zu sein meinte. In dem Moment aber, in dem Sie sich von hier wegbegeben,

sagen wir mal nach Detroit, wo der Marxismus nicht gewirkt hat, die Marxsche Geschichtsvoraussicht dagegen im Moment um so einleuchtender ist. Da sieht es also gleich ganz anders aus. Dort könnte es durchaus Veränderungen geben, die dann durchaus keine Simulationen wären. Ich möchte behaupten, daß der ganze Baudrillard nicht verstanden würde in Detroit.

Horst Folkers: Außerhalb der westlichen Metropolen natürlich nicht, das ist ja klar, daß das in Südamerika beispielsweise keinen Anhalt in der Realität findet.

Heidrun Hesse: Ich möchte noch einmal an dem Punkt ansetzen, den der Gerd (Kimmerle) vorhin ins Gespräch gebracht hat: warum der Baudrillard sich nicht auf ästhetische Erfahrungen einläßt. Ich meine, der Witz an dem Adornoschen Zugriff auf die ästhetische Erfahrung ist ja auch gerade, daß der genau unter der Perspektive der Wahrheit stattfindet, die nicht mehr möglich ist oder nicht in die Immanenz hineinzuholen ist oder in die Welt oder in die Geschichte. Bei Adorno werden die ästhetischen Erfahrungen doch eigentlich nur zu Figuren negativer Wahrheit. Insofern lebt dieses Modell ästhetischer Erfahrung natürlich schon genauso von einem archimedischen Punkt, der zwar nur noch als Fluchtpunkt festgehalten ist, weil er absolut nicht mehr zugänglich scheint, wohl aber die Analyse leitet. Und ich glaube, daß man auf diese Weise aus der problematischen Grundkonstellation nicht herauskommt. Wenn ich vielleicht die noch mal so ansetzen darf, wie ich sie sehe. Ich weiß nicht, wie lange der Baudrillard an diesem Buch geschrieben hat; ich sehe da aber schon eine gewisse Entwicklung vom Anfang zum Ende und würde das Ende etwas anders beurteilen als die anfänglichen Äußerungen zu der angeblichen Polarität von Simulation und symbolischem Tausch. Ich glaube aber, daß er schon irgendwie die Grunderfahrung der Moderne beschreibt, die wir auch machen. Was hier schon mehrfach angesprochen worden ist, Baudrillard hält irgendwie an dem fest, was in der Neuzeit als Wahrheitsbegriff entworfen worden ist, daß Wahrheit vom Subjekt gesichert werden kann, Wahrheit als wahre Theorie der Wirklichkeit, als Übereinstimmung beider, die auch verbindlich festgestellt werden kann. Und während er

diese Idee noch festhält, macht er zugleich die Erfahrung,
die auch unsere Grunderfahrung ist (ohne daß sich darauf etwas gründen ließe), daß sich Wahrheit in dieser Weise gerade
nicht sichern läßt, daß diese Idee sich dann vielmehr auflöst
und zu Bewährung wird, zu funktioneller Bewährung schließlich.
Und das Merkwürdige ist also, daß am Ende das Subjekt in dem
Funktionszusammenhang verschwindet, den es selber entdeckt hat.
Zu diesem System nun würde Baudrillard gerne einen Gegenbegriff
haben; nur findet er den nicht mehr. Und jetzt einfach mit der
ästhetischen Erfahrung daherzukommen - ich weiß nicht, das
klingt sehr hübsch, auch damit kann man spielen, sag ich nochmal. Ich meine auch nicht, daß man zu einem anderen Punkt zurückkehren müßte, etwa zu ethnologischen Gegenbildern. Nur,
ich finde, man sollte sich auch die Konsequenz dieser ganzen
Geschichte klarmachen. Nun ist nämlich tatsächlich alles
gleich-gültig. Und insofern ist es auch völlig egal, ob die Arbeiter in Detroit das anders sehen. Denn sie können natürlich
der Selbsttäuschung verfallen, tatsächlich noch für die Wahrheit einzutreten. Nur kann man davon eigentlich nicht mehr reden. Verbindlichkeit jedenfalls läßt sich so nicht mehr sichern.

Ulrich Sonnemann: Moment, ich habe nicht gesagt, daß sie für
die Wahrheit eintreten, sondern ich würde vermuten, daß sie
früher oder später für ihre Interessen eintreten.

Heidrun Hesse: Ja, möglicherweise werden sie sowas tun; sie
werden vielleicht irgendetwas machen, ja, oder jemand anderes,
wir können ja auch irgendetwas machen ...

Ulrich Sonnemann: Und dann ist es sehr wahrscheinlich, daß sie
sich ungefähr so verhalten, wie Marx das vorausgesehen hat.

Heidrun Hesse: Nein, nein, man muß, glaube ich, die Erfahrung
festhalten, daß sich sowas wie Verbindlichkeit nicht mehr stiften   läßt. Möglicherweise war das immer eine Fiktion, egal
ob man glaubte, das religiös machen zu können oder den Bezugspunkt in primitiven Gesellschaften aufsucht oder irgendwie in
soziologischen oder historischen Mechanismen verkörpert sieht.
Möglicherweise war das schon immer eine Fiktion. Das ist eine

Frage, die ich jetzt nicht beantworten möchte. Nur, unsere Erfahrung jetzt im 2o. Jahrhundert ist doch irgendwie, daß sich solche Verbindlichkeit wirklich nicht mehr einrichten läßt. Das sehen wir doch irgendwie ein, wenn's auch ein paar Leute gibt, die halt glauben, sie hätten die Wahrheit. Wenn ich mich jetzt hinstelle und behaupte, ich hätte die Wahrheit, dann ist das ja schön und ich kann da auch dran glauben, aber das glaubt mir ja sonst keiner. Und da kann man natürlich noch ne Revolution machen oder Marxens Prophezeiungen verifizieren, nur genausogut kann das Gegenteil passieren: im selben Augenblick kann es wieder einen Faschismus geben. Diese Situation meine ich, diese historische Erfahrung meine ich.

<u>Zwischenruf aus dem Zuhörerkreis:</u> Die Referenzen nach Detroit, die sind doch zynisch. Die sind doch nur gemacht worden, um wirklich die Marx'sche Theorie zu simulieren, um festzustellen, daß in Amerika Klassenkampf herrscht. Er herrscht dort eben nicht...

<u>Ulrich Sonnemann:</u> Ich habe von der Situation drüben gesprochen. Und von der Möglichkeit, daß Marx wirklich recht gehabt hat. Daß er aber in den Ländern, wo seine Theorie gewirkt hat, wo sie die Chance hatte zur "self-defeating-prophecy" zu werden, wovon Amerika ausgenommen ist, daß seine Theorie dort für das Ergebnis gesorgt hat, das vorhin festgehalten wurde: das Proletariat gibt es nicht mehr. Infolgedessen gibt es kein Gegenüber mehr. Das war die Sukzession der Argumente hier, ein sehr fundamentaler Punkt, über den im Moment Einigkeit zu herrschen schien und von dem man dann weiterging. Sollte der nicht ganz stimmen, stimmt die ganze Deduktion seither nicht mehr.

<u>Heidrun Hesse:</u> Da müssen wir sowieso eine Korrektur anbringen. Das Proletariat ist ja nicht das verlorengegangene Gegenüber, sondern das Ich, das Subjekt. Also gibt es nicht das Gegenüber nicht mehr. Sondern das avisierte Subjekt der Emanzipation verschwindet im funktionellen Zusammenhang, in seinem Gegenüber.

<u>Gerd Kimmerle:</u> Ich möchte an der ästhetischen Erfahrung weitermachen. Es geht nicht darum, sozusagen Bereiche auszuwechseln

und, wenn die Theorie versagt, an ihre Stelle die Ästhetik
zu setzen. Darum also geht es nicht. Um das klarzumachen, möchte ich
auf die Kritik kommen, die der Baudrillard an der Psychoanalyse hat. Da läßt sich nämlich, glaube ich, zeigen, daß Baudrillard in seiner Kritik unsere Erfahrung immer nur bis zu
einem bestimmten Tiefenbereich aus schöpft. Bei der Psychoanalyse weist er zu Recht darauf hin, daß in der Metapsychologie
im Grunde ein technischer Apparat aufgebaut wird. Das kritisiert er zu Recht. Aber dabei beläßt er's auch; er geht nicht
darauf ein, was an psychoanalytischer Erfahrung da ist, die
in der metapsychologischen Reflexion nicht mehr aufgegriffen,
sondern sogar verzerrt und verfälschend dargestellt wird. D.h.
er restringiert die Psychoanalyse genau auf den metapsychologischen Zusammenhang, den er dann kritisieren kann. Was mehr an
Erfahrung in ihr steckt, das ignoriert er. Es ist ja in der
Psychoanalyse das alte Problem, daß die Metapsychologie nach
dem Vorbild der naturwissenschaftlichen Physiologie ursprünglich entstanden ist, während der therapeutische Erfahrungskontext lebensgeschichtliche Erfahrung eruieren will. Ich möchte
nicht behaupten, daß das beides unabhängig voneinander ist;
was ich behaupten möchte, ist aber, daß die Psychoanalyse nicht
in ihrer theoretischen Selbstreflexion aufgeht, auf die sich
Baudrillards Kritik einzig bezieht. Wenn man aber weitergeht
in all diesen Bereichen, kann man eben auch anderes als Simulation erfahren. Man erfährt Simulation nur, wenn man diese
Bereiche nur in ihrem theoretischen Selbstrechtfertigungskontext ausmißt und alles, was sonst noch darin steckt, beiseite
läßt. Deshalb habe ich auf die ästhetische Erfahrung verwiesen.
Dort wird das, glaube ich, am klarsten, daß die theoretischen
Raster nicht hinreichen, daß weder die Angabe des Gehalts noch
gar eine quantifizierende Betrachtung diese Erfahrung erschöpft.
Es geht nicht darum, die Theorie durch etwas anderes zu ersetzen, etwa durch Ästhetik oder Psychoanalyse als Lebensgeschichte, sondern um den Versuch der Auflösung, wie er von
Adorno gemacht worden ist. Er hat ja auch nicht die Absicht,
Theorie zu ersetzen durch etwas Nicht-Theoretisches, Ästhetisches, ein bloßes dumpfes Gefühl. Sondern es gibt die **ästhe**tische Erfahrung als eine Art zu denken, d.h. als eine andere
Art zu denken, in der ein kritisches Potential liegt gegen

die begrifflichen Raster, in denen wir Wirklichkeit wahrnehmen und in denen wir Wirklichkeit auch kritisieren, Ich meine, daß in verschiedenen Bereichen, sei es in der Kunst, sei es in der Psychoanalyse, sei es in den Wissenschaften eine Wendung möglich ist gegen unsere Gewohnheit, Kritik logischen und letztlich auch theologischen Rechtfertigungsmodellen zu verbünden.

Heidrun Hesse: Ich würde aber bestreiten, daß Adorno dafür ein glückliches Beispiel ist.

Ulrich Sonnemann: Also ich stimme Ihnen (Gerd Kimmerle) zu und meinte auch vorhin nur zu erklären, warum Baudrillard diesen Schritt, der Ihnen vorschwebt, nicht vollzieht. Das Ganze ist eben ein Versuch der Totalisierung, und Baudrillard berücksichtigt einfach nicht, woran seine Thesen scheitern könnten. Er nimmt immer nur auf - und das Material ist natürlich sehr reichhaltig -, was seine Thesen zu stützen scheint.

Dietmar Kamper: Ich bin nicht sicher, ob er es vermeidet, zu scheitern. Im Gegenteil: vielleicht will er. Aber das hat seine Schwierigkeiten. Ich möchte ausgehen von einer Bemerkung, die Du, Ulrich (Sonnemann), eben gemacht hast bezüglich der Wirkung der Marx'schen Theorie dort, wo sie wirken konnte. Wenn man das zu einem gewissen Grad verallgemeinert, könnte das ja nahelegen, daß es doch eine theoretische Mächtigkeit gibt, die dann allerdings ganz anders läuft, als der Theoretiker angenommen hat. Also: daß die Prophezeiungen von Marx überall dort wirken, wo er selbst nicht gewirkt hat. Das könnte man ja auf Baudrillard vielleicht übertragen. Das würde dann bedeuten: lest ihn möglichst, wenn ihr das vermeiden wollt. Ich bin auf diesen Gedanken gekommen durch Baudrillards Ausführungen gegen Schluß des Buches mit den neun Milliarden Namen Gottes. Da zitiert er doch kurz diesen Science-Fiction-Roman, in dem tibetanische Mönche einer alten Prophezeiung gemäß die neun Milliarden Namen Gottes aufschreiben; und wenn sie zu Ende geschrieben haben, dann geht die Welt unter. Und irgendjemand ist darauf gekommen, denen so einen Großcomputer von IBM zu schicken; die Ingenieure sind schon einige Zeit dabei, den zu montieren. Sie haben berechnet, daß es ungefähr drei Monate dauern werde, mit den neuen Milliarden Namen fertig zu werden; bleiben nach der Montage noch eine Zeitlang oben im Hochland und reisen dann ab,und als sie zurückblicken, da sehen sie, wie die ersten Sterne kippen. Also das ist der Inhalt. Und ich habe Baudrillard so verstanden, daß er meint, die Theorie habe vielleicht die Aufgabe, diesen Prozeß zu beschleunigen oder aber auch zu bremsen. Also das, was jetzt auf dem Gebiet der Erkenntnis da ist, hat vielleicht keine andere Bedeutung als die, den Weltuntergang zu beschleunigen. Und derjenige, der darüber nachdenkt ist vielleicht jemand, der das Ende noch ein bißchen hinausschiebt, den Prozeß bremst.

<u>Gert Mattenklott:</u> Ich möchte jetzt nicht unmittelbar dazu etwas sagen, sondern zu einer Wendung, die mir bei Ihnen (Heidrun Hesse) aufgefallen ist, die ich aber auch bei Baudrillard dauernd als störend empfinde. Sie sprachen von "unseren Grunderfahrungen" und sagten, es seien doch die, die bei Baudrillard auch angesprochen sind. Da weiß ich gar nicht, von welchen Sie reden, also die z.B. auch nur unser beider Grunderfahrung wären. Das würde ich erstmal gründlich befragen wollen, schon weil ich meine eigenen Erfahrungen immer wieder nicht mit sich selbst identisch finde ...

<u>Heidrun Hesse:</u> Das genügt doch schon als Beleg für meine These...

<u>Gert Mattenklott:</u> Naja, da würde ich doch den Inhalt dieser Erfahrungen schon noch etwas genauer ansehen wollen. Der vereinnahmende, appellative und evokative Charakter von solchen Äußerungen ist doch sehr stark. Und da denke ich, wird doch etwas vorschnell ein Phänomen überschlagen, kommt ein Phänomen nicht zur Sprache, was für mich jedenfalls eine gewisse Evidenz hat, nämlich diese Zerspaltenheit von Erfahrung, die es gar nicht zuläßt, sich auf "die" oder "unsere" Erfahrung zu berufen. Das Charakteristische ist im Gegenteil doch gerade, daß der Widerspruch sogar in die lebensweltliche Erfahrung jedes Einzelnen hineinreicht, sodaß ganz schwer zu sagen ist, was ich da eigentlich erfahre. In diesem Zusammenhang ist für mich auch überraschend, daß sich das Urgestein der bürgerlichen Ge-

sellschaft als erstaunlich widerstandsfähig zeigt, was für Baudrillard hier mit bewegter linker Hand erledigt zu sein scheint. Beispielsweise bestehen die Grundformen des bürgerlichen Familienlebens fort, nachdem sie zigmal totgesagt worden sind, und dann lese ich Sartres Flaubert-Buch und bemerke, mit welcher Vehemenz die Dramen aktuell geblieben sind, die seit der Antike in diesem Bereich ablaufen. Das kann ich doch nicht mit der linken Hand wegwischen und behaupten, das alles sei längst perdu oder so...

Heidrun Hesse: Das ist ein Mißverständnis. Ich habe ja grade nicht behauptet, daß es eine inhaltlich umschriebene Erfahrung gebe, die uns jetzt alle einen würde. Sondern ich habe darauf hinweisen wollen, daß der neuzeitliche Versuch, so etwas herzustellen, wenn er denn je aussichtsreich war, zumindest offenbar nicht gelungen ist. Was Sie (Gert Mattenklott) jetzt beschreiben, das ist ja ein prächtiger Beleg dafür.

Michael Rutschky: Das Merkwürdige ist doch, daß dies zerspaltene oder pulverisierte Erfahrung mit ihren eigenen Evidenzen operiert. Es ist doch nicht so, daß jetzt nichts mehr evident wäre, nur weil keine Ordnung herrscht, sondern es gibt eine Unzahl von Evidenzen, die sich ablösen, die flimmern. Offensichtlich ist das doch nicht gefährlich. Das ist das Merkwürdige daran, daß es nicht gefährlich ist. Also, ich will's mal grob sagen: für mich ist Baudrillard der Adorno des Terrorismus. Was für Adorno Schönberg ist, das ist für Baudrillard die 'brigate rosso' oder Andreas Baader. Und um jetzt auf meine Erfahrung mit dem Buch zu kommen, das Merkwürdige ist, daß dieser totalisierende Zugriff, der ja eigentlich einer der sich steigernden Verzweiflung sein soll... also die Adornosche Verzweiflung war mir seinerzeit vollkommen klar, während ich hier ...

Hort Folkers: Die Wiederholung als Komödie ...

Michael Rutschky: Nein, nicht als Komödie, sondern es hat mich einfach nicht erschüttert. Und es hat mich deshalb nicht erschüttert, weil das Erfahrungssubstrat blaß ist. Also, wir haben hier zwar nicht eine gemeinsame Erfahrung, aber - der Unterschied zwischen uns hier und Fabrikarbeitern ist schon groß - wir können vielleicht sagen, daß der Terrorismus eine gemeinsame Erfahrung für uns ist. Aber die ist schon am Verblassen. Und eine Theorie, die im Terrorismus ihr Substrat und ihr Gegenüber hat, die fängt schon an uns zu langweilen.

Ulrich Sonnemann: Aber da muß man sich doch fragen, ob eine Verzweiflung, die einem vollkommen klar ist, überhaupt eine Verzweiflung ist. Das widerspricht ja eigentlich der Konstitution von Verzweiflung und beweist, daß Adorno nicht verzweifelt war, und er war's nur manchmal.

Gerd Kimmerle: Es gibt eine sich selbst klare Verzweiflung. Das ist die Hegelsche "Phänomenologie des Geistes", und die endet im absoluten Wissen.

Hartmut Schröter: Ich finde, es sind jetzt ziemlich viele Schwierigkeiten angesprochen worden, die man natürlich sofort bekommt, wenn man Baudrillards Buch liest. Und ich finde, diese Schwierigkeiten haben ihren Ort darin, daß es hier scheinbar nur noch um Interpretation der Interpretation der Interpretation geht. Was theoretisch verleugnet wird, daß es überhaupt noch einen Sachverhalt gibt, der interpretiert wird, das scheint Baudrillard selbst zu erfassen. Mir ist das an seiner Ökologiediskussion aufgefallen. Natürlich hat er völlig recht mit der These, daß diese Diskussion vom System vereinnahmt werden kann. Vielleicht ist die letzte Hoffnung auf Produktivitätssteigerung oder Systemerhaltung mit ökologischen Denkweisen verbunden. Also, wenn wir jetzt mehr Rücksicht auf die Natur nehmen, kybernetisch denken, berücksichtigen, daß jede Handlung wieder Rückwirkungen hat, die wir auch berechnen können und müßten, dann kann man erwarten, daß könnte noch ne Art Wachstum sichern. Gut, diese Kritik ist völlig berechtigt. Nur, weil Baudrillard entdeckt, daß die ökologische Betrachtungsweise im Sinne des Bestehenden interpretiert wird, beschäftigt er sich überhaupt nicht mehr mit den Sachverhalten, nämlich damit, daß die Amazonaswälder wirklich sterben und was das für uns bedeutet. Er versucht also keine eigene Interpretation der Sachverhalte zu bieten, sondern bewegt sich dauernd denunzierend von Interpreta-

tion zu Interpretation. Das finde ich den Grundmangel aller
seiner Phänomenbeschreibungen. Es gibt z.B. moderne Kunst,
die völlig andere Erfahrungsdimensionen öffnet. Die Tatsache,
daß die dauernd wieder ver_einnahmt wird, enthebt mich nicht
meiner Aufgabe, zu sagen, was denn die qualitativ andere Erfahrung ist, die ein Picasso-Bild vermittelt.

<u>Horst Folkers:</u> Ich glaube, in der ganzen letzten Zeit sind
wir bei der Frage, was eigentlich der Gestus Baudrillards
ist, seine Haltung. Es wurde vorhin gesagt, er lutsche, er
beiße, es sei viellicht der Hintergrund der Verzweiflung darin. Also ich will nochmal ein neues Motiv einbringen und einfach sagen: mir scheint, er ist ein Enttäuschter - er ist ein
Enttäuschter. Ich weiß nicht, ob er das wirklich ist. Ich will
ihn ja nicht individuell nehmen, das ist ja in dem Sinne Un-
sinn, er schreibt ja Bücher. Ich kenne ihn nur von einem Buch
her. Ich will nicht sagen, ob er in seinem Leben mal eine Enttäuschung gemacht hat, als kleines Kind oder als großes Kind,
das ist uninteressant. Sondern es kommt auf den Gestus an, der
sich in der Art, wie er Wirklichkeit aufnimmt, zeigt. Und zwar
ist doch jetzt einerseits zu bemerken, daß nicht ganz klar ist,
ob er eigentlich einen bestimmten Theoriestand für totalisie-
rend und immanent hält oder ein System. Man kann nicht so richtig feststellen, ob er sich jetzt mit all den Negationen von
einem System abstößt, das alles vereinnahmt, oder von einer
Theorie, die so tut, als würde das System alles vereinnahmen.
Das scheint mir offen zu bleiben. Jedenfalls tut er so, als
habe er in Bezug darauf die Fähigkeit, sich abzustoßen, wegzu-
gehen bis zu allen Enden der Welt, wo er dann steht und die
Brust entblößt, wie schon gesagt wurde. Diese Fähigkeit scheint
in ihm etwas vollkommen Ungebrochenes an Vertrauen in ihm
selbst zu haben; also eine Quelle des Zugangs zu einer Wahrheit,
zu der er jedenfalls hinlaufen kann, ob er sie erreicht, ist
egal. Dann würde ich mal sagen: eine Quelle, laufen zu können,
weglaufen zu können. Also, ich würde das dann nochmal anders
sagen: es geht ihm doch ganz gut. Es geht ihm doch ganz gut.
Ich meine, er schreibt eben Buch für Buch immer alles, vielleicht ja auch nur die vorige Theorie nochmal wieder ganz um-
kippend. Ich meine diese uneingeschränkte Freiheit, die er da

hat, dieses Vertrauen, immer weiter weglaufen zu können und niemals scheitern zu müssen dabei. Damit möchte es zusammenhängen, daß er natürlich auch nie ankommen kann, bei keinem einzigen Phänomen. Er kann sozusagen nicht stillstehen und sagen: Moment, das würde mich überzeugen. Davor müßte er Angst haben. Also, wovon ist er enttäuscht? Er ist enttäuscht, weil er einmal gehofft hat, er könnte Wirklichkeit treffen, und dann ist er so schnell gerannt, daß er sie nicht getroffen hat. Oder er hat gehofft, ihn könnte Wirklichkeit treffen. Es könnte natürlich der Mai 68 gewesen sein. Aber vielleicht liegt die Enttäuschung noch tiefer. Vielleicht ist eine illusionäre Haltung enttäuscht worden, nämlich die Grundillusion der Intellektuellen, daß sie mit den Gedanken, die sie schon im Kopf haben, auch etwas Neues in der Wirklichkeit hinstellen können, was Halt gibt und trägt. Und dabei sehr munter, nicht? Also das schien mir anzuklingen bei den Versuchen, auf ästhetische Erfahrung zu kommen. Ist es nicht so, daß Baudrillard unterschätzt, daß, ja ich will/nicht sagen, daß es uns ganz gut geht, aber irgend so was doch auch.

Gerd Bergfleth: Da bin ich nicht so sicher, ob er nicht doch tiefer verzweifelt ist, als wir ihm das jetzt zuschreiben. Natürlich ist das die Verzweiflung des Theoretikers, der über das Ganze etwas aussagen will und sich verantwortlich fühlt für den Zustand der Welt, also zumindest der Realität. D.h. wir haben's ja jetzt mit der Simulation, und die Simulationstheorie betrifft zuerst die Realität und noch nicht die Wirklichkeit. - Das ist dann morgen dran. - Ich möchte zunächst nochmal aufnehmen, was Sie (Dietmar Kamper) vorhin sagten mit dem Weltuntergang. Ich glaube nicht, daß Baudrillard seine Theorie versteht als Aufhalten, Hinausschieben des Weltuntergangs oder des Untergangs der Realität. Sondern er will ihn herbeiführen, daher dieses wütend-verzweifelte Zuschlagen, dieser Terrorismus. Ich glaube, daß er einen ganz vehementen Haß, einen Ekel vor der Realität hat, woraus sich auch das Totalisieren erklären läßt; nicht rechtfertigen, aber doch verstehen läßt, warum seine Radikalität in Totalisieren umschlägt. Er ist ja nicht so dumm, daß er nicht die Gefahren der Totalisierung kennt.

Dietmar Kamper: Ich bin mir nicht sicher, ob man den Gestus oder die Haltung Baudrillards Verzweiflung nennen kann. Im Deutschen hat das so einen Charakter, vielleicht besonders durch die Romantik, von "Größe trotz allem". Aber damit spielt er meines Erachtens. Das ist, glaube ich, nicht seine Sache, verzweifelt zu sein und das großartig zu finden.

Zwischenruf Gerd Bergfleth: Die Lust am Nichts.

Dietmar Kamper: Das ist, glaube ich, nicht der Punkt. Aber eine Enttäuschung liegt schon vor, eine Enttäuschung, die sehr radikal ist und gleichzeitig beinhaltet, daß andere, die nicht so enttäuscht sind, sich selbst täuschen oder getäuscht werden. Denn sonst würde das nicht so aufregend sein, wenn Baudrillard nur von sich selbst sagen würde, daß er enttäuscht ist. Nein, er sagt ja gleichzeitig: ihr alle, die ihr da immer rumlauft mit euren Theorien, ihr sitzt noch auf dem Leim, auf dem ich nicht mehr sitze. Ich glaube, das ist der Sog dieses Buches, egal ob man es ablehnend oder zustimmend liest. Das ist vielleicht gar nicht so wichtig wie dieses, daß da ein Impetus da ist, vielleicht sogar durchaus in dem Sinne, der schon mehrfach angesprochen worden ist, einer untergegangenen Wahrheit: prüfet alles, behaltet das Beste? Nein, nicht mehr das Beste. Vergiß das Beste nicht? Nein, nicht mehr, behalte nichts. Prüfet alles, und ihr werdet finden, daß es mit allen Vorstellungen und Versprechungen nichts auf sich hat. Und gleichzeitig schreibt er das noch einer Zeitentwicklung zu, und ich glaube, gerade das hat seine Plausibilität, daß wir auch vielleicht diesem Verdacht gelegentlich ausgesetzt sind, es könnten sich die heimlichsten, die verborgensten Hoffnungen, die wir noch haben, auch in diesen Sog der Auflösung hineinbegeben. Insofern halte ich Baudrillard wirklich für einen Propheten des Weltuntergangs, der auch nicht locker läßt. Ich habe seine Werke so ein wenig nachverfolgt. Er hat eine Zeitlang immer noch Positivitäten gehabt. Etwa diese Gesetzmäßigkeit: wenn ihr euch nicht austauscht mit dem Tod, dann wird euer Leben todähnlich. Das verschwindet aber in den folgenden Werken. Auch der Terrorismus ist gegenwärtig für ihn kein Thema mehr. Der ist für ihn genauso langweilig vielleicht wie für uns.

Gerd Kimmerle: Ich habe vorhin einmal gesagt, daß die Hegel'sche
"Phänomenologie" den Weg der Verzweiflung beschreibe, der in
die Kehre des absoluten Wissens mündet. Hier ist eine Bewegungs-
figur vorhanden, auf deren Leim, glaub ich, auch der Baudrillard gekrochen ist. Und zwar, weil hier eine eigene Emotionalität intelligibel gemacht wird, für andere zugänglich oder plausibel gemacht wird. Und die Frage ist, ob diese Emotionalität
nicht selber noch einen Hintergrund hat, der hier nicht nur
nicht erhellt, sondern durch die Intelligibilität sogar noch
verdeckt wird. Die Simulationstheorie bewegt sich ja sehr stark
auf der Ebene der Götzenbilder und der Täuschungen. Und was
jetzt herausgekommen ist, ist, was darunter steckt, nämlich die
Enttäuschung, in ihrer ganzen Zweideutigkeit. Da könnte man
dann die Vermutung äußern, daß unterhalb von dem, was Baudrillard als Entwirklichung von Vorstellungsbildern beschreibt,
etwas anderes steht, eine tiefergehende, vielleicht damit zusam-
menhängende Entwirklichung, nämlich eine Ent-Emotionalisierung:
daß wir empfindungsunfähiger geworden sind.

Horst Folkers: Was sind die Quellen der Kategorien, mit denen
Baudrillard so tut, als könnte er vom Ganzen wegkommen? Woher
die Klarheit und Reinheit von solchen Kategorien? Ich meine,
Adorno hat den, wenn man so will lebensgefährlichen, Versuch
gemacht, dieses Außerhalb, von dem er redete, nun nicht einfach
hinzustellen, zu sagen "da ist es" und darauf zu zeigen, sondern,
wie er sagte, mit konsequenzlogischen Mitteln, also mit dem
Einzigen, was wir haben, mit den Kategorien, die noch da sind,
mit begrifflichen Mitteln dem nachzustellen. D.h. er hat sich
selbst in den Zusammenhang hineingestellt. Er, Adorno, war
Subjekt, das nur theoretisieren konnte in demjenigen theoretischen Zusammenhang, den er analysiert hat. Man kann nämlich
ohne konsequenzlogische Mittel überhaupt keine Theorie machen.
Wenn jetzt Baudrillard einerseits, nicht wahr, den ganzen Zusammenhang, in dem wir leben, als Täuschungszusammenhang bezeichnet, selbst aber quicklebendig ist, jetzt nicht in dem
Sinne, daß es ihm gutgeht oder nicht gutgeht, sondern im Sinne,
daß er über eine Quelle zur Wahrheit verfügt, einen Zugang
zur Wahrheit, der unangefochten bleibt von diesen Täuschungs-
zusammmenhängen, dann frage ich mich: Moment? Dann ist ja alles

in bester Ordnung. Nämlich: das System integriert zwar alles, aber die Köpfe der Theoretiker bleiben frei; die Köpfe der Theoretiker sind unangefochten, wir können immer das Gegenteil sagen.

Ulrich Sonnemann: Das wäre ja unter Umständen noch zu rechtfertigen, wenn die Theorie selber dem nicht widersprechen würde. Mir fällt auf, daß jedenfalls diese Emotionalität, aus der heraus Baudrillard schreibt, sonst ließe sie sich nämlich nicht auf diese Weise distanzieren, nicht dieses Überschwemmende haben kann, das wir mit dem Begriff der Verzweiflung verbinden. Hingegen stimmt, daß, und das ist das wirklich schließlich einzige, was ihn mit der Kritischen Theorie, also mit sowohl Benjamin als auch Adorno verbindet, ein melancholischer Grundzug da ist. Und da man damit nicht ständig leben kann, gibt es gelegentlich aus dieser Melancholie heraus sozusagen Wutausbrüche, die dann so etwas vortäuschen wie Verzweiflung, aber gerade die Verzweiflung ist in Baudrillards Fall Simulation oder Simulakrum.

Hartmut Schröter: Ich denke, daß ihn mit der Kritischen Theorie schon sehr viel mehr verbindet. Ich würde sagen, Baudrillard wiederholt nochmal die vielleicht genuine Marx-Lektüre von Adorno, insofern der Tauschwert nicht bloß in der Sphäre der Ökonomie bestimmt wird, sondern daß er sozusagen alles anfällt. Und Baudrillard weist noch einmal auf, daß das heute geschichtliche Realität ist und keine Fiktion. Ich glaube, er stößt dabei auf ein spezifisch neues Phänomen, woran sich diese Wirklichkeitsauffassung bestätigen kann, das ist die Kybernetik. Ich glaube, das ist noch nicht genügend klar gesehen. Die Theorie, die Baudrillard hier bietet, entwickelt meiner Ansicht nach, was durch die Revolution der Informationsmedien und der Kybernetik noch kommen wird. Das ist ja in der Historie immer so, daß man im Nachhinein sehen kann, wie eine scheinbar nur partielle technische Erneuerung den ganzen Lebensbereich revolutioniert hat. Baudrillard weist darauf hin, daß das kybernetische Denken, bevor die technische Revolution ganz stattgefunden und alle Bereiche erfaßt hat, schon in das Denken eingedrungen ist , die Voraussetzungen im Denken und Han-

deln der Leute dafür also schon geschaffen sind. Das halte ich
für einen wichtigen Punkt. Und da wiederholt er nur Nietzsches
Einsicht, daß unsere Wirklichkeit Wille zur Macht ist. Das bedeutet ja, daß der Wille alles, was ihm mal Zweck sein könnte,
selber noch einmal zum Mittel macht. Eine ganz einfache Struktur also. Auch die Wahrheit wird zum bloßen Mittel gemacht.
Also, wenn das wahr wäre, was Nietzsche noch extremer gesehen
hat als Marx, dann hätte man noch einen Zeugen, der vielleicht
eine ähnliche Relevanz wie Marx hätte, und insofern wäre das
nicht bloß so eine private Erfahrung, sondern aus der Auseinandersetzung gewachsen. Und die Kybernetik, denke ich, die
beschreibt Baudrillard schon richtig. Die Systemtheorie holt
das auf der Ebene der Theorie ein. Wenn man beispielsweise zu
Siemens in die automatisierte Produktion geht, dann tritt genau das ein, was Baudrillard beschreibt. Es ist nicht mehr definierbar, was Arbeit und was Freizeit ist. Die Leute stehen
rum und haben selber irgendwie ein ungutes Gefühl. Eigentlich
ist das ein glückliches Leben, zugleich aber ist die Abwanderungsrate riesig in diesen Firmen. Die Leute erfahren oder erleiden dort das, was Baudrillard hier beschreibt. Da ist überhaupt keine Realität mehr vorhanden, auf die sie sich beziehen
können.

<u>Gerd Bergfleth:</u> Ich glaube überhaupt, daß für Baudrillard eine
wichtige Quelle ist die politisch-ökonomische Analyse von Fabrikarbeit, also Simca und sowas. Ich halte aber eigentlich
die Frage für falsch. Wenn es Baudrillard um die Wahrheit geht,
dann kann man nicht mehr danach fragen, welcher Impuls ihn da
antreibt, sei es ein historischer, sei es ein existentieller
Bezug, sondern dann müßte er eigentlich sagen: mir geht es
eben um die Wahrheit, und die Wahrheit selber ist mein Ziel.

<u>Ulrich Sonnemann:</u> Ich meine, daß Baudrillard seine Rechnung ohne die Geschichte macht. Daß ihm, insofern er doch geschichtstheoretische Ansprüche stellt, gerade im Fall einer solchen
Sache wie der Kybernetik, und die Beschreibung ist ja hervorragend, nicht auffällt, daß in diesem Realitätsverlust sozusagen eine Antithese wirklich schlummert. Die läßt sich ja sogar bestimmen. Wenn nämlich die Automation in ihren frühen Sta-

dien menschenähnliche Maschinen hervorbringt und das immer weiter steigert, müßte sie an den Punkt kommen und diesen überschreiten, wo es zu Ende ist mit der Umkehrung dieses Begriffs, nämlich den maschinenartigen Menschen. Ich meine, daß im Prozeß der Automation ein Provokationscharakter steckt, daß er sozusagen die Menschen dazu bringen muß, an sich selber, in sich selber zu entdecken, was die Automaten ihnen niemals abnehmen können. Das ist ein völlig offener Wettlauf, der gerade erst begonnen hat und bei dem es sich ergeben könnte, daß keineswegs nur Fließbandarbeiter, und nicht einmal nur der Postbeamte an seinem Schalter, sondern Politiker, Staatsanwälte, Richter, Gelehrte ebenfalls unter den Begriff des maschinenartigen Menschentums kommen und sich damit dann für die Emanzipation des Menschlichen im Menschen riesige Chancen ergeben könnten. Also das ist doch das Merkwürdige, daß ganz unauffällig sich herstellende Geschichtsentwicklungen es plötzlich in sich haben, etwas zu erledigen, zu klären und zu erledigen, was viel weiter zurückreicht als die unmittelbare Geschichtsentwicklung, an deren Endpunkt sie stehen. Mit anderen Worten, das, was verstreut durch die Geschichte immer irgendwo Unbehagen zurückgelassen hat, wird auf einmal zum Zentralproblem, das dann aber bereits auch schon im Prinzip gelöst ist.

Zwischenfrage Gerd Bergfleth: Aber ist das möglich, daß der Mensch sich selber abschafft?

Ulrich Sonnemann: Zunächst ist das möglich.

Heidrun Hesse: Ich möchte mal was zu dem Geschichtsbegriff sagen, der hier immer wieder auftaucht. Ich finde, Herr Sonnemannn, man kann Ihnen nicht widersprechen oder das jedenfalls nicht widerlegen, solange sie nur sagen: ja, vielleicht macht die Geschichte ja in Zukunft ganz etwas anderes als wir uns träumen lassen, unsere Alpträume eingeschlossen. Ich hör durch Ihre Ausführungen aber immer so ein bißchen durch, ich weiß nicht, ob ich mich da verhöre, daß Sie Geschichte als das verstehen, was immer seine eigenen Revolutionen produzieren muß. Daß Geschichte also einem bestimmten Schema gehorcht und zwar dem, daß jede geschichtliche Gestalt, die einmal aufgetaucht ist, genötigt ist, sich mehr und mehr zu realisieren, bis sie das andere entdeckt, was auch noch irgendwie in ihr steckt, ihren Gegenpol, und der kommt dann auf einmal hoch.

Ulrich Sonnemann: Nein, da hören Sie nicht genau. Ich meine, daß Geschichte diesem Schema gerade nicht gehorcht, sondern daß sich das im Gegenteil als Schema erweist, das sich nicht nur übersteigen läßt, sondern das das Leben übersteigen muß, weil es nämlich sozusagen prä-analysierbar einen Punkt geben muß, wo das zum Austrag kommen dürfte. Denn wenn die menschlichen Tätigkeiten z.B. von Automaten besser ausgeführt werden können, dann muß es da doch einen Punkt geben, wo die Menschen anfangen sich zu wundern: ja gibt es denn überhaupt noch etwas, was wir denen voraushaben? Und das könnte doch zu großen Entdeckungen führen.

Gerd Kimmerle: Ja, man kann aber auch genau umgekehrt argumentieren. In dem Augenblick fängt der Mensch nämlich immer mehr an, was Günther Anders versucht hat zu zeigen, sich am Automaten zu messen. Und daß diese Tendenz gebrochen werden wird, daß da irgendwie ne historische Gegenkraft und eine Gegenentwicklung da ist, mit Verlaub gesagt, das ist höchstens eine Hoffnung und sonst gar nichts. Das Gegenteil ist viel wahrscheinlicher. Die kybernetische Erfahrung ist ja seit langem in der Biologie das Grundparadigma, an dem überhaupt nicht mehr zu rütteln ist. Alles Lebendige ist ein sich selbst organisierendes System. Und die besten sich selbst organisierenden Systeme sind nun einmal Automaten. Und der Mensch ist sehr viel schlechter. Und was der Mensch damit ist, ist ein "Mängelwesen" in einem ganz anderen Sinn. Das Zukunftsbild des kybernetischen Menschen ist das, was unsere Emanzipationswege bestimmen wird. Und es wird uns auf Wege locken oder auf Wege bringen, wo ich keine Emanzipation mehr sehe, sondern eine Bahn, die immer enger wird und aus der wir nicht mehr herauskommen, weil da am Ende der Weltuntergang steht.

Ulrich Sonnemann: Völlig richtig, völlig richtig. Nur beschreiben Sie dauernd die jetzt sich gegenwärtig vollziehende Entwicklung. Ich habe etwas ganz anderes beschrieben, was sozusagen ein geschichtslogisches Postulat ist: daß es in einer weiteren Phase dieser Entwicklung an einem bestimmten Punkt eine Umkehrung geben muß.

Zwischenfrage Heidrun Hesse: Wieso muß es die denn geben?

Ulrich Sonnemann: Die muß es geben, als die Alternative, ich würde das 'muß' selber relativieren, eben der Untergang der Menschheit wäre. Mit dem ist ja ohnehin aus ganz anderen Gründen, die nicht unmittelbar mit der Automation, sondern mit der Atomenergie zusammenhängen, zu rechnen. Insofern brauchen wir die Automaten dafür gar nicht. Nur kann genau der Zusammenhang des Problems der Atomenergie und des Problems der Kybernetik uns auf den Punkt aufmerksam machen, auf den es ankommt. Denn es geht in der Tat mit höchster Wahrscheinlichkeit auf den Untergang der Menschheit zu, wenn die Menschen sich weiterhin wie Automaten verhalten; wenn sie weiter das bleiben, was Helmut Schmidt von den Deutschen gefordert hat, daß sie nämlich berechenbar sind. In dem Moment, wo die Menschen anfangen, unberechenbar zu werden, und zwar auch durch Computer unberechenbar, ob das geht, weiß ich nicht, aber nur wenn sie unberechenbar werden können, gibt es eine Chance, daß sie wiederum aus der anderen Technikquellle, der Atomenergie, nicht untergehen. Also es ist keineswegs alles so ganz unbestimmbar, es ist natürlich, wie alles Zukunftsgeschichtliche, nur im Umriß bestimmbar.

Hartmut Schröter: Ich würde dir recht geben, Gerd (Kimmerle), was die Beschreibung der Tendenz betrifft, worauf die Kybernetik zusteuert, daß diese Denkweise sich gegen alles abschotten kann, daß das die Gefahr ist und daß es auch der Trend sein wird, dem das geschichtliche Gefälle gehört. Andererseits würde ich Ihnen (Ulrich Sonnemann) da zustimmen, daß Baudrillard selbst noch auf einen Geschichtsautomatismus festgelegt ist. Er glaubt nämlich, daß ein System, das seine absolute Identität erhält, also bloß noch um seiner selbst willen Berechnungen anstellt, implodieren, zusammenstürzen muß, wenn es ihm nicht mehr gelingt, dafür einen Zweck anzugeben. Und da brauchen wir sozusagen mit der Theorie nur noch den Stoß zu geben. Und diesen Automatismusgedanken halte ich für das, was man überwinden muß. Es wird die andere Möglichkeit nicht geben, von der Sie (Ulrich Sonnemann) sprechen, wenn man sie nicht vollzieht, d.h. wenn nicht ein Handeln stattfindet, wenn nicht jemand das ausspricht. Es wird keinen Automatismus der Gegenmöglichkeit geben. Ich finde, das ist der Ort des Denkens in der Geschichte. Es gibt die andere Möglichkeit der eigenen Zeit. Die Chance besteht hier, nicht in der Vergangenheit oder in der Zukunft. Mit der Kybernetik wird ja genau das total, was mit Descartes angefangen hat. Man kann jetzt nicht mehr unter der Fiktion leben, wir hätten bestimmte Dinge noch nicht erfaßt, wie z. B. die lebendige Natur, wie man von Kant her noch hatte sagen können. Jetzt mit der Kybernetik hat man auch sie erfaßt. Und indem das total wird, ist die Fiktion nicht mehr aufrechtzuerhalten, das führe noch zu etwas anderem als dem, was wir bisher erleben. Und genau das ist meiner Ansicht nach die Chance einer anderen Möglichkeit, nämlich daß sich hier etwas abschließt, zu Ende kommt. Aber das wird nicht kommen, wenn die Leute nicht darüber nachdenken, wenn sie sich nicht wehren usw. Das ist ein offener Prozeß.

<u>Dietmar Kamper:</u> Ich glaube, daß Baudrillard mit seinem Verdacht noch ein Stück weiter geht. Er geht nämlich so weit, zu behaupten, daß das System sein eigenes Gegenteil erzeugt, um überleben zu können. D.h. der Verdacht geht eigentlich dahin, daß das, was wir als Gegenbewegungen, als Hoffnungen investieren, selber Erzeugnisse des Systems sind. Das ist die Baudrillard'sche These in der Zuspitzung. Ich möchte das nochmal auf den Automaten beziehen. Man müßte sagen, der Automat hat schließlich und endlich die Gnade, noch weiterhin Menschen zuzulassen, weil nur das seine Herrschaft befestigt. Also das, was menschlich ist, ist gleichsam das andere zum Automaten, aber das hat der Mensch im Zeitalter der technischen Reproduzierbarkeit des Menschen gleichsam von Gnaden des Automaten. Das ist die These.

<u>Ulrich Sonnemann:</u> Nur, wie geht es dann weiter nach Baudrillard?

Dietmar Kamper: Gar nicht.

Gerd Bergfleth: Also da machen wir morgen ja den "symbolischen Tausch".

Heidrun Hesse: Nun ja, in dem Buch gibt es noch die Gegenwelt des symbolischen Tauschs; auf der anderen Seite aber doch paradoxerweise auch schon die Diagnose, die Sie (Dietmar Kamper) gerade geschildert haben. Und deswegen empfinde ich das auch als einen Rückfall in eine vielleicht schöne und gutgemeinte, auf dieser Ebene des selbstkritischen Denkens doch aber nicht mehr haltbare Naivität, wie hier dauernd von Geschichte die Rede ist. An dem Schema ändert sich doch nichts Wesentliches, wenn man betont, das sei kein Automatismus, der die Kräfte hervorbringt, die das System bedrohen könnten, sondern die große Wende sei selbstverständlich mal wieder von uns selbst abhängig, unserer Entscheidung, unserer Aktivität. Ja, mein Gott, das haben wir doch auch alles schon im 19. Jahrhundert gehört.

Ulrich Sonnemann: Aber nicht getan.

Gerd Kimmerle: Ja, die Baudrillard'sche Lösung ist dann ja eigentlich ne sehr alte. Mit der Beschreibung, daß das andere zum System vom System selbst zu seiner Erhaltung erzeugt wird, hat er sehr viel gesehen. Aber die andere These, die darin steckt, daß das System in seiner Vollendung seinen Untergang findet, ist eine alte These. Aber an der habe ich so meine Zweifel. Warum kann das System sich nicht permanent in der Schwebe halten? Warum vollzieht das System sein Logisch-Sein, seine Vollendung? Warum geht es darin unter?

Dietmar Kamper: Es wird sich schwer hüten, sich zu vollenden. Für Baudrillards neuere Auffassung ist das nicht mehr zutreffend. Da könnte man sich sogar vorstellen, daß er, als Jean Baudrillard, gleichsam ein Simulakrum wird, eines 4. Ordnung, also Effekt eines Systems - und das auch noch irgendwo akzeptiert.

Gerd Bergfleth: Das glaube ich nicht. Seine letzten Äußerungen argumentieren zwar nicht mehr mit dem symbolischen Tausch, sie haben auch nicht mehr diesen apokalyptischen Zug, daß das System kumulieren müsse, um dann unterzugehen oder zu verenden oder wie auch immer, aber sie halten ein anderes, ein schlechthin anderes fest. Wenn ich an die "Metaphysik der Geisel" denke, dann ist da dieses Moment der Untauschbarkeit der Geisel. Die Geisel kann nicht mehr ausgetauscht werden mit der Normalwelt, sie ist also negativ heilig geworden. Und sie kann auch durch die Terroristen nicht irgendwie verwendet werden. Insofern ist der Titel "Metaphysik" (der Geisel) offensichtlich keine reine Ironie.

Gert Mattenklott: Für mich ist das noch nicht ausgemacht, daß Baudrillard die Grundtendenzen der letzten Jahrzehnte zutreffend beschreibt, Ich zweifle schon bei der Verwendung des Begriffs, der ja doch immer wieder auch als analytischer auftaucht, des Systems. Orwell würde ich den Gebrauch dieses Begriffs so zugestehen, wie er ihn gebraucht, dem Soziologen schon weniger. Mir ist nicht deutlich, was Baudrillard eigentlich System nennt, was damit eigentlich beschrieben ist. Für mich hat dieser Begriff zunächst einmal fast fetischistische Qualitäten. Also wenn ich etwa die politische Szene oder die Szene des sozialen Lebens in den letzten Jahrzehnten beobachte, dann herrscht da keineswegs nur der Zufall, den die Aleatorik kennt und gesetzmäßig erfaßt, sondern das sind ganz altmodische Figuren des Zufalls. Also z.B. Zufälle in der altmodischen Gestalt der Kleinkriminalität, Watergate oder so, die eine erstaunliche Geschichtsmächtigkeit immer noch beweisen, auf Schritt und Tritt. Oder, es zeigt sich bei allen möglichen Anlässen, daß auch dieser Popanz, der so aufgeblasen wird, mit der "überwachten Welt", die angeblich lückenlos zugänglich ist, datengespeichert, gar nicht so da ist. Da passieren doch die lächerlichsten Pannen auf Schritt und Tritt, die mich eigentlich immer wieder mutig stimmen. Denn ich denke, daß das doch wohl ganz vorwiegend Fiktionen sind, denen wir aus Neigung zu Hysterie erliegen.

Marlis Gerhardt: Ich würde behaupten, daß das System in dem Text von Baudrillard wie eine Leerstelle behandelt wird. Das ist ein frei flottierendes Zeichen, das er immer einsetzt, wenn er etwas überhaupt nicht mehr beschreiben kann. Für mich ist das eigentlich eine Verdrängung von Realität.

Ulrich Sonnemann: Das stellt sich auch heraus, wenn man Herrn Luhmann bittet, seine Systemtheorie auf unseren Zustand in der Bundesrepublik anzuwenden. Er fängt dann an zu stottern.

Heidrun Hesse: Ich vermute, daß Baudrillard auf diese Art System nicht kommt, weil er Wirklichkeit soziologisch analysiert oder Erfahrungen aufnimmt und klassifiziert oder einfach wahrnehmen will, sondern diese Begriffsbildung hat eine Geschichte, die Baudrillard zwar selber nicht erzählt, deren Endpunkt er aber darstellt. Das System ist, was systematisch erzeugt wird durch einen bestimmten Wissens- und Wahrheitsanspruch. Dahinter steht die Vorstellung, die Welt müsse so ordentlich und sauber sortiert werden, daß man dann frei schalten und walten kann. Daß schließlich also alle Unordnung beseitigt ist, aber beseitigt im Hinblick auf ein Subjekt, das nun über die geordnete Welt verfügen kann. Dieses Denkmodell hat sich aber offenbar nicht durchhalten lassen. Und am Ende dieses Versuchs, absolute Macht zu gewinnen, steht die Erfahrung, daß das System ein Ungeheuer ist, das alle Autonomie in sich hineinschlingt. Wenn dann noch der Denkweg verschwiegen wird, wie man dazu kommt, dann sieht man auf einmal nur noch dieses Ungeheuer System auf der anderen Seite und weiß kaum noch, wie man da ein Ich gegen retten soll. Ich glaube, daß sich das systematisch aus dieser Forderung an das Wissen des Subjekts entwickelt hat.

Gerd Bergfleth: Aber das ist ja ein chaotisches System, ein kybernetisches nämlich.

Heidrun Hesse: Ein chaotisches System? Ach was. Ein kybernetisches System hat feste Ordnungsregeln, es hat die Möglichkeit, sich schier unendlich selbst zu reproduzieren und in dieser Reproduktion zu optimieren, was das reine Funktionieren anbetrifft. Das ist eine sich selbst genügende Ordnungsvorstellung.

Horst Folkers: Es hat eine ganze Menge fester Bedingungen, da ist ja gar kein Zweifel. Zum Beispiel: In dem Moment, in dem der Geldverkehr nicht mehr funktionieren würde, würde diejenige Situation, die Baudrillard hier beschreibt, nämlich z.B. die Erreichbarkeit von vielen Individuen füreinander, nämlich über Geld, zunächst zusammenbrechen. Es müßten dann Überlebensgrößen geschaffen werden, auf kleinem Niveau, wo man sich nicht nur mit Geld, sondern persönlich erreichen kann. Das wäre einfach eine Notwendigkeit. Da kann man sehr viele solche Dinge nennen, die nicht ohne weiteres wegfallen dürften, wenn das System weiterleben soll.

Gerd Kimmerle: Man kann hier die "Dialektik der Aufklärung" anführen. Es scheint mir wichtig, was der Wandel des Systembegriffs reflektiert. In den großen idealistischen Systementwürfen sollte ja die Vernunftgeschichte der begriffenen Wirklichkeit vom zentrierenden Subjekt her begriffen werden. Und was die "Dialektik der Aufklärung" zu zeigen versucht, ist ja der Umschlag in eine "verwaltete Welt", die nach positivistischen Rationalitätskriterien anonym funktioniert, d.h. in der die Subjektivität vollständig verschwunden ist. Und man könnte ja vermuten, daß diese Geschichte bei Baudrillard im Hintergrund steht und, was er das System nennt, nur noch den Endpunkt bezeichnet, nämlich das, was alle Subjektivität aufgelöst und dezentriert hat. Das würde bedeuten, daß sein Systembegriff noch in der Dialektik der Aufklärung steckt, die nicht mehr reflektiert wird.

Dietmar Kamper: Also, ich sehe das etwas anders. Ich seh das so, daß Baudrillard meint, daß die Störfaktoren, die Nichtvollendbarkeit des Systems, zum System dazugehören. Also genau das, was Sie beschrieben haben, Herr Mattenklott, diese kleinen Lösungen, die überall die Menschen doch noch haben. Daß sie nicht dem Zufall folgen, sondern meinetwegen einen Sinn in ihrem Leben sehen; daß sie die Idee getroffen haben zu der Zeit, und diese zu jener. Genau das belegt Baudrillard mit dem Verdacht eines Effekts. Er läßt es nicht mehr in der alten Ordnung stehen, wo man sagen konnte: das ist aber doch meine Wirklichkeit, darauf kann ich mich doch verlassen, das ist meine

Lebenserfahrung, meine physiognomische Erfahrung, auf die ich mich letztendlich dann zurückziehen kann. Baudrillard entwirft eben eine ganz andere Horrorvision als die des Automaten. Er behauptet, daß die einzelmenschlichen Lebenswelten gleichsam ausgespuckte Teile, Effekte dieses Bauches sind, der uns schon hat. Und das ist auch nicht mehr in dem Sinne zu verstehen, daß er da irgendwie Angst davor hätte, sondern er versucht lediglich diese Simulation, die eigentlich nichts mehr simuliert, sondern als Simulation nur noch Wirkungen hat und damit vielleicht also dann doch Wirklichkeiten setzt, zu denken. Ich habe den Eindruck, daß er sich dann auch unter seine Aussagen stellt. Baudrillard hat mehrfach gesagt, jeder Kritiker des Systems sei Teil desselben, und zwar so, daß er es prolongiert, statt es zu brechen. Er formuliert damit eine Erfahrung, die auch im Umkreis mit dem 68er Pariser Mai zu sehen ist, und die Einsicht, daß die Krise das System nicht zu Fall bringt, im Gegenteil. Die Krisen sind das, wovon es sich nährt, und wenn Leute gegen das System kämpfen, dann sind sie letztendlich diejenigen, die es nähren. Solche Gedanken tauchen auf, nicht Blutspenden.

<u>Ulrich Sonnemann:</u> Aber was du (Dietmar Kamper) beschreibst, fällt mir die ganze Zeit auf, Angst oder nicht Angst, ist in jedem Fall ein Glaubenssystem. Das ist eine Glaubenswelt, das ist eine Theologie. Und eine Theologie, jede Theologie, die überhaupt so einigermaßen in sich kohärent ist, hat immer sehr viel Evidenz für sich, auch physiognomische.

<u>Heidrun Hesse:</u> Ich mein, Herr Kamper, den Verdacht kann man ja immerhin haben, daß alles, was als Widerstand erscheint, was sich subjektiv als Widerstand versteht, im Grunde genommen doch immer nur ein Effekt des Systems sein kann, und als solcher das System gerade am Leben erhält. Die Frage ist nur, woher kommt überhaupt der Begriff einer solchen Totalität wie dieses Systems? Und da glaub ich schon, daß man den Erklärungsansatz, den Gerd Kimmerle und ich jetzt vertreten haben, vertreten kann. Nur scheint mir dann die Differenz der offenbar aktuellen Position Baudrillards zu derjenigen Adornos darin zu liegen, daß ersterer da eben nicht mehr raus will, nichts irgendwie Trans-

zendierendes mehr festhält. Sondern nur noch sagt: das ist mal so, mal so und mal so - simulieren wir mit.

Michael Rutschky: Aber, kann man das **dann** überhaupt noch als System bezeichnen?

Heidrun Hesse: Nein, eigentlich nicht mehr.

Dietmar Kamper: Das tut er auch nicht mehr.

Hartmut Schröter: Ich glaube, das ist unter dem, was Baudrillard denkt, wenn man sich vorstellt, das System halte alles in seinen Klauen, also beherrsche alle empirischen Vorgänge. Das ist, glaube ich, nicht so sehr der Punkt, sondern das Systematische des Systems ist, alles, was durch es selber als empirische Vorgänge produziert oder gegen es produziert wird, immer in derselben Weise zu verarbeiten, und das, woraus man nicht entkommt, ist, daß so alles in Fungibilität umorganisiert, umgedeutet wird. Diese Form der Aneignung, dieses Uminterpretieren von allem, was in sich selbständig zu sein beansprucht, zur bloßen Fungibilität, das, glaube ich, ist dieser Moloch System; nicht daß schon alles kontrolliert wäre, sondern diese Form der Aneignung. Und das finde ich wiederum ganz gut beschrieben. Und der eigentliche Punkt dieses Buches, wo ich mich am meisten mit auseinandersetzen würde, ist für mich genau der, den Herr Kamper genannt hat. Nämlich mir hat es ein Gefühl, daß ich auch schon 68 hatte, nachträglich interpretiert: nämlich daß das ein Simulakrum war. Also die Rede von Klassenkampf und Proletariat, und ich als Student habe mit dem Proletariat usw., das war ein Simulakrum. Also zumindest hat Baudrillards Theorie diese Interpretationskraft. Offensichtlich ist unsere Wirklichkeitsstruktur so, daß solche Dinge, wo man noch glaubte, es gebe da eine Objektivität, also das Proletariat, daß das integrierbar ist. Darin ist er erstmal absolut. Das finde ich als Beschreibung ganz richtig. Nur, woran Baudrillard völlig vorbeigeht, ist - ich wiederhole, was ich vorhin gesagt habe -, daß es genügend Phänomene gibt, die dieser Interpretation entgingen, wenn wir sie nicht anwenden würden. Und es ist ihm vorzuwerfen, daß er da nicht draufzugeht, also keine qualitative Analyse macht, sondern immer nur Vereinnahmungsprozesse analysiert. Und man erlebt doch die Ambivalenz. Z.B. Stichwort "Landkommune", natürlich taucht das jetzt in den etabliertesten Bürgerfamilien auf, da hat man auch seine Körner usw., aber das alte Prinzip der Nützlichkeit wird weiterhin fortgesetzt und man hat das noch als zusätzlichen Lebensreiz, "Kitzel des Gaumens", wie Nietzsche sagen würde, hinzugenommen. Das kennt man. Die andere Seite ist, daß davon Dinge ausgegangen sind, die die ganze 3. Welt-Problematik anders sehen lassen usw. Es gibt diese Ambivalenz der Phänomene selber, aber auf die geht Baudrillard nie ein.

Gerd Kimmerle: Ich möchte da noch ne Frage anknüpfen. Führt nicht der Verdacht, daß alles, was ich tue, systemerhaltend ist, zunächst mal dazu, daß ich zu keiner Haltung mehr fähig bin? Und dann können wir den Verdacht ja noch eine Stufe weiterdrehen. Ist nicht der Verdacht, alles Handeln sei systemerhaltend, dann selber systemerhaltend? Er legt alles Handeln gegen das System eigentlich fest.

Gert Mattenklott: Herr Kamper, Sie verteidigten, wenn ich das richtig verstanden habe, Baudrillard, indem sie erwähnten, daß, was sich dem System oder dem Code zu entziehen scheint, ihm eben doch nur zum Schein entzogen sei, und in Wahrheit das System seinen Widerstand produziere, den es aus irgendwelchen Gründen zur Reproduktion benötige. Gut, also das kann man so sagen. Aber wenn man nun einmal die Probe auf's Exempel macht und das an einzelnen Beispielen überprüft, z.B. am Überleben des Gangstertums in der Politik, das ja offenbar als Form politischen Handelns ganz vital geblieben ist, dann ... Also es hätte doch wahrscheinlich niemanden von uns gewundert, wenn beispielsweise jetzt die Verfassungsrichter die Wahl für ungesetzlich erklärt hätten und wenn sich vierzehn Tage später herausgestellt hätte, daß zwei oder drei Richter bestochen worden wären von FDP-Funktionären. Das hätte doch niemanden im Ernst erstaunt.

Ulrich Sonnemann: Das wäre aber aus ganz anderen Gründen erstaunlich gewesen. Weil es nämlich sozusagen dem Prinzip

deutschen Lebens widerspricht, also dem Prinzip, das von Hegel
so formuliert worden ist, daß die Fakten das bestimmen, was
anderswo in der Welt wiederum dazu da ist, die Fakten zu rek-
tifizieren, nämlich die Normen. Das ist diese beruhigende Norm,
die Macht des Faktischen. Die hat sich jetzt wieder in Karls-
ruhe bestätigt, wie sie sich auch bereits 1932 bestätigt hat,
als damals vom Reichsgericht der Übergriff gegen die preußi-
sche Regierung Braun selbstverständlich bestätigt wurde. Niemand hatte jemals in Deutschland etwas anderes vermutet; aber
das ist ja ein relativ kleines Land, und bei Baudrillard geht
das ja doch in kosmische Regionen, da muß man ja doch unterscheiden.

Gert Mattenklott: Ich wollte nur sagen, daß das doch nicht eine Realität zweiten oder dritten Grades ist, die erst produziert worden wäre durch dieses System, sondern da überleben
sehr archaische Formen politischen Handelns mitten in der an-
ständigsten Welt. Und mit Nixon war es gar nicht so sehr anders ...

Ulrich Sonnemann: Also mit Nixon ist das insofern anders, als
dieser Watergate-Aufstand begann mit zwei Journalisten - alles
in Deutschland völlig undenkbare Dinge -, die von ihrer Redak-
tionsleitung, sogar vom Verlag gedeckt wurden gegen massive
Pressionen von oben; dann verhielten sich die Parlamentarier,
unbekümmert um ihre Parteizugehörigkeit, ebenso, sodaß die Sache aufgedeckt werden konnte. Das ist hier ganz undenkbar. Das
sind also Differenzierungen, Unterscheidungsmerkmale, die bei
Baudrillard einfach nicht thematisch werden, und ich will ihm
das auch gar nicht vorwerfen.

Hartmut Schröter: Also ich würde mir zutrauen, gerade den Wa-
tergate-Skandal mit Baudrillard zu interpretieren. Dadurch
hat sich ja überhaupt nichts geändert, sondern im Gegenteil,
es ist etwas an der amerikanischen Gesellschaft affirmiert
worden, was gerade das Problem ist, nämlich diese morali-
sche Auffassung der amerikanischen Politik, die immer noch ein
Bollwerk gegen das Flottieren zu sein glaubt. Diese Ethik der
Amerikaner, die inzwischen rein zur Fiktion geworden ist. Man

konnte längst wissen, daß jeder Gewerkschaftsführer so handelt, aber man hat unter der Fiktion gelebt, das dürfe doch in Amerika nicht sein. Und nun verletzt der Präsident diese Fiktion. Er ist völlig modern, weil er nämlich das Flottieren als seinen Denkstil überhaupt hat; Nixon würde ich als eine der Personen ansehen, die das überhaupt darstellen. Und nun muß eben aufgedeckt werden, daß der ein Verbrechen begangen hat gegen diese Moral. Denn nur damit kann die amerikanische Gesellschaft die Fiktion erneuern, daß es bei ihr moralisch zuginge.

Ulrich Sonnemann: Ja, das ist ganz richtig. Aber wenn es diese Erneuerung wiederum nicht geben würde, dann gäbe es auch die vorhin berührten Hoffnungen in Detroit auch nicht. Die gibt es aber.

Zwischenruf Gerd Bergfleth: Das ist doch Theologie.

Heidrun Hesse: Ich möchte noch ein paar Fragen an das anschließen, was der Gerd (Kimmerle) vorhin gesagt hat. Also wenn man glaubt, daß alles, was man tun kann, denkt oder überhaupt macht, immer schon vom System vereinnahmt ist, und man das überhaupt nicht irgendwie lustig findet, sondern sich dagegen ein Verdacht erhebt, dann hört man womöglich auf, zu handeln. Das wäre die eine Möglichkeit, auf die analysierte Situation zu reagieren. Eine andere kennen wir aus der Philosophie, da ist dann die Rede davon, man solle nun doch wenigstens so handeln "als ob". Und ne dritte Möglichkeit, die hab ich jetzt immer in der Diskussion so durchgehört, wäre: wir steigen doch noch irgendwie aus. Wie wir das genau machen können und ob wir dabei das System richtig sehen, das wissen wir zwar nicht, aber irgendwie gibts da ne Hoffnung. Wir müssen nur endlich den richtigen Punkt finden, den sie im 19. Jahrhundert nicht richtig gefunden haben und 1917 auch nicht, aber wenn wir jetzt endlich richtig nachdenken, dann finden wir ihn und machen dann endlich alles richtig. Eine vierte Möglichkeit hat, wenn ich das richtig verstanden habe, Herr Kamper angedeutet. Die ist in Baudrillards Buch nicht repräsentiert, klingt aber vielleicht in dem Nihilismus-Vortrag an. Die wäre, daß man sich den Verdacht schenkt, daß man zwar weiß, es gibt kein Entkommen, es gibt keine Rettung, daß das aber kein Grund mehr ist für einen Verdacht.

Michael Rutschky: Es gibt noch eine andere Möglichkeit, von der ich annehme, daß Sie (Gert Mattenklott) und ich sie vertreten: wir sind schon längst ausgestiegen.

Heidrun Hesse: Nein, das glaube ich nicht.

Horst Folkers: Die Wirklichkeit, die Baudrillard beschreibt, ist eigentlich das Uninteressanteste. Um die kümmert man sich eigentlich sehr wenig de facto. Was man wirklich tut, das sind ganz andere Dinge. Also Benjamin hat gesagt, die Wahrheit sei ein "intentionslos aus Ideen gebildetes Sein". In die gilt es einzugehen. Also meine Wahrheit, die Wirklichkeit besteht darin, daß ich Texte lese, hauptsächlich. Und das Problem ist, in ihnen zu verschwinden. Das ist das Interessante. Ja ich bin natürlich als solcher dann nur ein Intellektueller und überhaupt nicht beispielgebend für irgendwas anderes. Bloß, viele Dinge, die wir wirklich erfahren, nicht, Hartmut (Schröter) hat ja auch davon gesprochen, kommen hier tatsächlich nicht vor, sondern nur die uninteressante Kehrseite der Sache, wenn es eine Kehrseite überhaupt gibt.

Kleines Zwischenspiel: Kieselsteine lutschen

Ich nutzte diesen Aufenthalt, um mich mit Steinen zum Lutschen zu versorgen. Es waren kleine Kiesel, aber ich nenne sie Steine. Ja, dieses Mal brachte ich einen bedeutenden Vorrat von ihnen zusammen. Ich verteilte sie gleichmäßig in meinen vier Taschen und lutschte sie nacheinander. Dadurch entstand ein Problem, das ich zunächst auf folgende Art löste: Angenommen, ich hatte sechzehn Steine und vier davon in jeder meiner vier Taschen, nämlich in den zwei Taschen meiner Hose und in den zweien meines Mantels. Wenn ich einen Stein aus der rechten Manteltasche nahm und in den Mund steckte, so ersetzte ich ihn in der rechten Manteltasche durch einen Stein aus der rechten Hosentasche, den ich durch einen Stein aus der linken Hosentasche ersetzte, den ich durch einen Stein aus der linken Manteltasche ersetzte, den ich wiederum durch den Stein in meinem Mund ersetzte, sobald ich mit dem Lutschen fertig war. Auf diese Weise befanden sich immer vier Steine in jeder meiner vier Taschen, aber nicht genau dieselben. Und wenn die Lust zu Lutschen mich wieder ankam, griff ich aufs neue in meine rechte Manteltasche und konnte sicher sein, dort nicht den gleichen Stein in die Hand zu bekommen wie das letzte Mal. Und während des Lutschens nahm ich die neue Verteilung der Steine vor, wie ich gerade auseinandergesetzt habe. Und so fort. Aber diese Lösung befriedigte mich nur zum Teil. Denn die Möglichkeit entging mir nicht, daß durch einen außerordentlichen Zufall es immer dieselben Steine sein könnten, die zirkulierten. Und in diesem Fall würde ich durchaus nicht die sechzehn Steine einen nach dem anderen, sondern in Wirklichkeit immer dieselben vier nacheinander lutschen. Aber ich schüttelte sie gut in meinen Taschen, vor und während des Lutschens, in der Hoffnung, alle Steine in den Kreislauf einzubeziehen, und erst dann schritt ich zu ihrer Verteilung von Tasche zu Tasche. Aber das war nichts als ein Notbehelf, mit dem ein Mann wie ich sich nicht lange zufrieden geben konnte. Ich machte mich also daran, eine andere Methode zu finden. Und zu allererst fragte ich mich, ob ich nicht besser daran täte, jeweils vier Steine auf einmal anstatt jedesmal je einen von einer Tasche in die andere zu bringen, das heißt, während des Lutschens die drei Steine, die noch immer in meiner rechten

Manteltasche waren, in die Hand zu nehmen und an ihre Stelle
die vier aus meiner rechten Hosentasche und an deren Stelle
die vier aus meiner linken Hosentasche und an deren Stelle die
vier aus meiner linken Manteltasche und an deren Stelle endlich
die drei aus meiner rechten Manteltasche, die in meiner Hand
waren, nebst dem Stein, der sich in meinem Mund befand, wenn ich
ihn fertig gelutscht hätte, zu setzen. Ja, anfangs schien es
mir so, als ob ich auf diese Weise zu einem besseren Ergebnis
gelangen würde. Aber diese Ansicht mußte ich nach reiflicher
Überlegung ändern und mir eingestehen, daß der Kreislauf der
Steine in Gruppen von je vier genau auf das gleiche hinauslief
wie ihr Kreislauf in Einheiten von je einem. Denn wenn ich auch
sicher sein konnte, in der rechten Manteltasche jedesmal vier
Steine zu finden, die von ihren unmittelbaren Vorgängern in
dieser Tasche völlig verschieden waren, so war die Möglichkeit
nicht geringer geworden, daß mir innerhalb jeder Vierergruppe
immer der gleiche Stein in die Hand kam und daß ich infolgedessen, anstatt die sechzehn Steine nacheinander zu lutschen, wie
ich es wollte, in Wirklichkeit nur immer die gleichen vier davon nacheinander lutschte. Es war also nötig, an einem anderen
Punkt als an der Art der Zirkulation anzusetzen. Denn wie immer
ich auch die Steine zirkulieren ließ, immer stieß ich auf den
gleichen Zufallsfaktor. Ganz offenbar konnte ich durch Vermeh-
rung der Anzahl meiner Taschen gleichzeitig meine Chancen vermehren, meine Steine so zu benutzen, wie ich es beabsichtigte,
das heißt, einen nach dem anderen, bis der Vorrat erschöpft
war. Wenn ich zum Beispiel anstelle meiner vier Taschen acht
Taschen gehabt hätte, so hätte der bösartigste Zufall es nicht
verhindern können, daß ich von meinen sechzehn Steinen wenigstens acht nacheinander lutschte. Im Grunde hätte ich sechzehn
Taschen nötig gehabt, um ganz beruhigt zu sein. Und während einer langen Zeit kam ich nicht über die Schlußfolgerung hinaus,
daß ich mindestens sechzehn Taschen haben müßte, jede mit ihrem besonderen Stein darin, um das Ziel, das ich mir gesteckt
hatte, zu erreichen - abgesehen von einem außerordentlichen Zufall. Und wenn es auch denkbar war, die Zahl meiner Taschen zu
verdoppeln, sei es nur dadurch, daß ich jede Tasche in zwei teil-
te, nehmen wir an mit Hilfe einiger Sicherheitsnadeln, so schien
es doch meine Fähigkeiten zu übersteigen, sie zu vervierfachen.

Und ich legte keinen Wert darauf, mich wegen einer halben Maßnahme anzustrengen. Denn seitdem ich mich mit dieser Geschichte herumschlug, verlor ich allmählich den Sinn für das Maß und sagte mir: Entweder alles oder nichts. Und wenn mir einen Augenblick der Gedanke vorschwebte, zwischen meinen Steinen und meinen Taschen ein ausgeglicheneres Verhältnis herzustellen, indem ich die Zahl der Steine verringerte und der Zahl der Taschen anglich, so doch nur einen Augenblick lang. Denn damit hätte ich meine Niederlage zugegeben. Und während ich auf dem Strand saß, das Meer vor meinen Augen, betrachtete ich die sechzehn Steine, die ich vor mir ausgebreitet hatte, mit Wut und ratlosem Erstaunen. Denn so schwer es mir fiele, mich in einem Stuhl oder Sessel niederzulassen, wegen meines steifen Beins, verstehen Sie, so leicht war es mir, mich auf die Erde zu setzen, wegen meines steifen Beins und wegen meines anderen Beins, das anfing, steif zu werden, denn es war ungefähr zu dieser Zeit, daß sich an meinem guten Bein - gut in dem Sinne, daß es nicht steif war - Anzeichen des Steifwerdens bemerkbar machten. Ich brauchte eine Stütze für die Kniekehle, Sie verstehen, und sogar für die ganze Länge des Beins brauchte ich den Boden als Stütze. Und während ich so auf meine Steine blickte und mir über die Einsatzmöglichkeiten, die alle gleich mangelhaft waren, den Kopf zerbrach und viele Handvoll Sand zerdrückte, so daß der Sand durch meine Finger rieselte und wieder auf den Strand fiel, jawohl, während ich auf diese Weise meinen Geist und einen Teil meines Körpers beschäftigte und in Gang hielt, kam mir eines Tages auf einmal die erleuchtende Idee, daß ich vielleicht mein Ziel erreichen könne, ohne die Zahl meiner Taschen zu vermehren noch die meiner Steine zu verringern, indem ich einfach das Prinzip der Schichtung   fallen ließe. Diese Idee hob plötzlich in mir zu singen an wie ein Bibelvers aus Jesajas oder Jerimias, und ich brauchte einige Zeit, um ihre ganze Bedeutung zu erfassen; und besonders das Wort Schichtung, das ich nicht kannte, blieb mir lange dunkel. Aber am Ende glaubte ich zu erraten, daß dieses Wort Schichtung nichts anderes und nichts besseres bezeichnen könne als die Verteilung der sechzehn Steine in vier Gruppen zu je vieren, mit je einer Gruppe in jeder Tasche, und daß die Weigerung, eine andere Verteilung als diese ins Auge zu fassen, alle meine bisherigen Berechnungen verdorben und das

Problem wirklich unlösbar gemacht hatte. Und dank dieser Auslegung, ob sie nun richtig war oder nicht, konnte ich endlich zu einer Lösung gelangen, einer Lösung, die gewiß nicht elegant war, aber handfest, handfest. Inzwischen glaube ich gern, ja, ich glaube sogar sicher, daß es für dieses Problem andere Lösungen gab und sogar immer noch gibt, die eben so handfest sind wie die gerade beschriebene, aber eleganter. Und ich glaube auch, daß ich sie mit etwas mehr Verbissenheit, etwas mehr Beharrlichkeit selbst gefunden haben könnte. Aber ich war müde, müde und ich begnügte mich träge mit der ersten Lösung dieses Problems, die wirklich eine war. Und ohne die Stufen aufzuzählen und die Schrecken zu beschreiben, durch die ich hindurch mußte, bevor ich zu ihr gelangte, will ich sie enthüllen, meine Lösung, in ihrer ganzen Abscheulichkeit. Ich brauchte zum Beispiel, um zu starten, nur (nur!) sechs Steine in meine rechte Manteltasche zu tun, denn es ist immer diese Tasche, aus der die Zufuhr kommt, und fünf in meine rechte Hosentasche und endlich fünf in meine linke Hosentasche, so ging die Rechnung auf: zweimal fünf plus sechs gleich sechzehn, und keinen Stein - weil keiner übrig war - in meine linke Manteltasche, die für den Augenblick leer blieb, leer von Steinen natürlich, denn ihr ständiger Inhalt befand sich immer darin, zusammen mit einigem Durchgangsgut. Denn wohin tat ich, glaubt ihr wohl, mein Gemüsemesser, meine Silbersachen, meine Hupe und das übrige, das ich noch nicht namentlich angegeben habe und vielleicht nie angeben werde? Also. Jetzt kann ich anfangen zu lutschen. Passen Sie gut auf. Ich nehme einen Stein aus meiner rechten Manteltasche, lutsche ihn, lutsche ihn nicht mehr, und stecke ihn in meine linke Menteltasche, die leer ist (von Steinen). Ich nehme einen zweiten Stein aus meiner rechten Manteltasche, lutsche ihn und stecke ihn in meine linke Manteltasche. Und so fort, bis meine rechte Manteltasche leer ist, abgesehen von ihrem ständigen und gelegentlichen Inhalt, und bis die sechs nacheinander gelutschten Steine in meine linke Manteltasche gekommen sind. An diesem Punkt halte ich ein und konzentriere mich, denn es kommt darauf an, keine Dummheit zu begehen. Nun versehe ich meine rechte Manteltasche, in der keine Steine mehr sind, mit den fünf Steinen aus meiner rechten Hosentasche, die ich durch die fünf Steine in meiner linken Hosentasche ersetze, die ich durch die sechs Steine aus meiner

linken Manteltasche ersetze. Jetzt ist es so weit, daß aufs
neue keine Steine mehr in meiner linken Manteltasche sind, während
meine rechte Manteltasche wieder mit Steinen versehen ist,
und zwar mit solchen von der richtigen Art, das heißt, mit anderen
als denen, die ich gerade gelutscht habe und die ich
mich jetzt anschicke, nacheinander zu lutschen und dann der
Reihe nach in meine linke Manteltasche zu überführen, wobei ich
die Gewißheit habe, soweit man sie bei dieser Art von Ideen haben
kann, daß ich nicht die gleichen Steine lutsche wie zuletzt,
sondern andere. Und wenn meine rechte Manteltasche wieder leer
ist (von Steinen), und die fünf gerade gelutschten Steine sich
alle ohne Ausnahme in meiner linken Manteltasche befinden, schreite
ich dazu, die gleiche oder eine entsprechende Verteilung wie
vorhin vorzunehmen, das heißt, ich versehe meine rechte Manteltasche,
die wieder verfügbar ist, mit den fünf Steinen aus meiner
rechten Hosentasche, die ich durch die sechs Steine aus meiner
linken Hosentasche ersetze, die ich durch die fünf Steine aus
meiner linken Manteltasche ersetze. Und jetzt bin ich bereit,
wieder von vorne anzufangen. Muß ich fortfahren? Nein, denn es
ist klar, daß am Ende des nächsten Kreislaufs von abwechselndem
Lutschen und Umlagern die Anfangssituation wieder hergestellt
sein wird, das heißt, daß ich wieder die sechs ersten Steine
in der Tasche, aus der die Zufuhr kommt, die fünf folgenden in
der rechten Tasche meiner alten Hose und endlich die letzten
fünf in der linken Tasche der gleichen Hose haben werde und
daß meine sechzehn Steine in tadelloser Ordnung hintereinander
einmal gelutscht sein werden, ohne daß ein einziger zweimal oder
ein einziger nicht gelutscht worden wäre. Es ist wahr, daß ich
beim Beginn der neuen Serie kaum darauf hoffen durfte, meine
Steine in der gleichen Reihenfolge wie beim erstenmal zu lutschen,
und daß zum Beispiel der erste, siebente und zwölfte
Stein des ersten Kreislaufs sehr wohl nur der sechste, elfte
und sechzehnte des zweiten Kreislaufs sein konnten, wenn man
das Schlimmste annimmt. Aber das war eine Unannehmlichkeit, die
sich nicht vermeiden ließ. Und wenn auch in den Kreisläufen als
Ganzes genommen eine unentwirrbare Unordnung herrschen mußte,
so war ich wenigstens über den Ablauf innerhalb jedes einzelnen
Kreislaufs unbesorgt, oder jedenfalls so weit, wie man es bei
dieser Art Tätigkeit sein kann. Denn damit in jedem Zyklus die

Steine in derselben Reihenfolge in meinen Mund gelangten - und
Gott weiß, wieviel Wert ich darauf legte -, hätte ich entweder
sechzehn Taschen haben oder die Steine numerieren müssen. Und
ehe ich noch weitere zwölf Taschen anlegte oder die Steine nu-
merierte, begnügte ich mich lieber mit der durchaus relativen
Beruhigung, die ich während des Ablaufs jedes einzelnen Kreislaufs empfand. Denn mit der Numerierung der Steine war es nicht
getan; ich hätte mich auch jedesmal, wenn ich einen Stein in
den Mund steckte, an die richtige Zahl erinnern und in meinen
Taschen nach dem betreffenden Stein suchen müssen. Das hätte
mir den Appetit auf Steine sehr bald genommen. Denn ich wäre
nie sicher davor gewesen, mich zu täuschen, es sei denn, daß
ich meine Steine jedesmal, wenn ich sie lutschte, in eine Liste
eingetragen hätte. Dazu hielt ich mich nicht für fähig. Nein,
als die einzig vollkommene Lösung mußten die sechzehn gleichmäßig angeordneten Taschen, jede mit einem Stein darin, gelten. Dann waren weder Zahlen noch Nachdenken nötig, sondern
es genügte, während ich einen bestimmten Stein lutschte, jeden
der fünfzehn anderen von einer Tasche in die nächste zu verle-
gen - eine etwas heikle, aber meine Fähigkeiten nicht überstei-
gende Arbeit - und immer in dieselbe Tasche zu greifen, wenn
ich Lust zum Lutschen bekam. Auf diese Weise wäre ich nicht
nur über den Ablauf jedes einzelnen Zyklus, sondern auch über
die Zyklen im ganzen beruhigt gewesen, selbst wenn sie nie ein
Ende genommen hätten. Aber wenn auch meine eigene Lösung unvoll-
kommen war, so erfüllte es mich doch mit Befriedigung, jawohl,
mit ziemlicher Befriedigung, sie ganz allein gefunden zu haben.
Sie war vielleicht weniger handfest, als ich in der ersten Ent-
deckerfreude geglaubt hatte, aber ihr Mangel an Eleganz blieb
unangetastet. Und sie war nach meiner Meinung vor allem deswegen
unelegant, weil die ungleiche Verteilung der Steine mich
physisch belastete. Es ist wahr, daß eine Art von Gleichgewicht
sich in einem bestimmten Moment herstellte, nämlich am Anfang
jedes Zyklus, das heißt, nach dem dritten und vor dem vierten
Lutschvorgang, aber das dauerte nur einen Augenblick. Und während der übrigen Zeit fühlte ich das Gewicht der Steine, das
mich bald nach rechts, bald nach links zog. Als ich das Schich-
tungsprinzip aufgab, gab ich mehr auf als ein Prinzip, ich ent-
sagte einem physischen Bedürfnis, glaube ich. Es standen sich

also zwei physische Bedürfnisse gegenüber, die miteinander unvereinbar waren. Solche Sachen kommen vor. Aber im Grunde machte ich mir nicht das geringste daraus, kein Gleichgewicht zu haben und nach rechts oder nach links, nach vorne oder nach hinten gezogen zu werden, wie es mir auch vollkommen gleich war, ob ich jedesmal einen anderen Stein oder immer denselben lutschte, und sei es von einer Ewigkeit zur anderen. Denn sie hatten alle genau denselben Geschmack. Und wenn ich sechzehn davon gesammelt hatte, so nicht, um sie auf die eine oder andere Art als Ballast zu benutzen oder sie der Reihe nach zu lutschen, sondern einfach, um einen kleinen Vorrat zu haben, um nicht ohne Steine zu sein. Aber eigentlich scherte ich mich nicht darum, ohne Steine zu sein; wenn ich keine mehr hätte, dann hätte ich eben keine mehr und würde mich deswegen nicht schlechter fühlen oder kaum. Und die Lösung, die ich endgültig annahm, war, alle meine Steine in die Luft zu werfen, mit Ausnahme von einem, den ich bald in der einen, bald in der anderen Tasche aufbewahrte und den ich natürlich in kürzester Zeit verlor oder wegwarf oder verschenkte oder hinunterschluckte.
(Aus: Samuel Beckett, Molloy, Frankfurt/Main 1975, S. 81 -87)

SIMULATION UND SYMBOLISCHER TAUSCH

(Zweite Diskussionsrunde)

<u>Claudia Gehrke:</u> Herr Baudrillard, ich möchte Sie herzlich begrüßen. Wir freuen uns, daß es Ihnen heute wieder besser geht. Dann kann ich Sie jetzt ja einleitend fragen, was wir Sie gestern schon fragen wollten. Das Buch, das jetzt ins Deutsche übersetzt wurde, ist ja schon einige Jahre alt. Wie stehen Sie heute zu ihm? Inwiefern hat sich Ihr Denken weiterentwickelt?

<u>Jean Baudrillard:</u> Ich werde deutsch sprechen, aber es wird etwas schwer für mich werden. Also entschuldigen Sie bitte mein Deutsch; es ist einfach schwer, deutsch zu sprechen. Und es ist auch seltsam, über dieses Buch zusprechen. Denn es hat sich in den zehn Jahren seit seiner Entstehung natürlich viel geändert. Ich kann dieses Buch heute gar nicht ablehnen, ich bin immer noch darinnen, aber es haben sich doch die Begriffe und die Gegenstände geändert. Und ich kann über dieses Buch einfach sagen, daß es für mich zu groß ist, zu dickleibig. Ich würde heute kein solches Buch mehr schreiben. Das ist der erste Eindruck. Wie ist das Buch entstanden? Ich frage danach, weil Sie mich danach fragen, sonst würde ich das nicht tun. Das Buch kam nach einer Reihe von Büchern, die über Simulation, Konsumtion usw. geschrieben worden waren, und war ein Versuch, dieses ganze Thema zusammenzufassen und - natürlich - eine Alternative zu finden. Ja, wir waren noch in den siebziger Jahren, und die Zeit war noch in äußerster Hoffnung auf eine Alternative, eine metaphysische, politische Alternative, und dieses Buch war eine solche Alternative für mich. In der Simulation, also in der Kritik der politischen Ökonomie wurden Beschreibungen von disjunktiven Systemen gegeben, also von Systemen, die in disjunktiven Oppositionen bestehen. Es ging darum, dieses semiologische System einfach umzustürzen, die Logik des Systems bis zu ihrem äußersten Extrem zu treiben und dadurch das System selbst umzustürzen. Das war kein zu großes Vertrauen in die Logik, wie ich in dem Essay von Herrn Bergfleth las. Nein, ich habe kein Vertrauen in die Logik. Im Gegenteil, ich glaube, das war irgendwie ein ziemlich iro-

nischer Versuch, die Logik ihrem eigenen inneren Gesetz nach umzustürzen. Dadurch kam ich auf den Tod, der natürlich auch in das System, in die Simulation eingebettet ist. Die ganze Simulation ist ein Feld des Todes, des latenten, des verborgenen, des simulierten Todes. Und hier sollte auch ein radikaler Gegensatz beschworen werden. Aber damit ist nicht der Tod in seiner konventionellen Gestalt gemeint: keine düstere Todesstimmung, nicht der persönliche Tod als Drama des Individuums; ich nehme den Tod vielmehr als eine Metapher. Da sind Herr Bergfleth und ich ganz auseinander. Ich nehme den Tod als eine Metapher der Auflösung dieser disjunktiven Form, aber niemals als eine metaphysische oder anthropologische Formel, niemals als ein leidhaftes Schicksal oder als eine metaphysische Erfahrung des Individuums. Der Tod, den ich meine, ist eine Metapher der Reversibilität. Alles dreht sich in diesem Buch um die Reversibilität. Gerade wo das System alles in entgegengesetzte Formen einschließt, sollte diese Entgegensetzung, diese Polarität umgestürzt werden durch Reversibilität, als deren Träger der Tod gemeint war - und als nichts anderes. Also in diesem Buch ist der Tod gar kein Gespenst des Todes oder des Sterbens. Sterben ist etwas anderes: etwas persönliches, dramatisches. Und ich rede von nichts Subjektivem in diesem Buch oder alles ist hier subjektiv, aber in einer anderen Weise natürlich. Also hier ging es um die Reversibilität, die die entgegengesetzen Positionen, die semiologischen Oppositionen auflöst, aber natürlich nicht dialektisch. Das war keine Dialektik, keine Aufhebung der entgegengesetzten Pole, sondern Reversibilität. Der Tod ist hier antagonistisch gemeint. Antagonistisch, duell, ironisch vielleicht auch, als Metapher dessen, was Reversibilität einbringt und vielleicht auch als Herausforderung. In der Herausforderung kommt die Reversibilität zustande. Niemals als eine religiöse oder mystische Auflösung der beiden Pole in eins. In diesem Buch spielte der Tod diese Rolle, aber um das ganze verständlich zu machen, kann ich sagen, daß im "Verführungs"buch ("De la séduction", Paris 1979), glaube ich, das Weibliche gerade dieselbe Rolle spielt, wie der Tod in diesem Buch. Das ist natürlich etwas zu einfach. Aber im großen und ganzen wurde die Reversibilität im "Verführungs"buch vom Weiblichen getragen. Das Weibliche ist hier nicht der Gegenpol des Männlichen, sondern Träger der Reversibilität. Die Verführung war also auch eine Waffe der Reversibilität, gerade wie hier der Tod. Hier bin ich natürlich auch nicht mit dem Standpunkt von Herrn Bergfleth einverstanden, den er im Satz über die Verführung äußert. Er sieht hier nur eine Folge der Simulation, während ich gerade im Gegenteil sage: Die Verführung ist im großen und ganzen die Erbin des Todes in diesem Buch, wenn sie auch nicht mehr als Alternative gedacht ist. In dem Buch über den Tod wird Reversibilität noch zu sehr als Alternative gedacht, als Hoffnung auf eine symbolische Ordnung, die an die Stelle des Simulativen treten könnte. Da wird noch etwas utopisch geträumt, und in diesem Zusammenhang spielen auch die primitiven Gesellschaften eine Rolle. Aber auch nur als Metapher. Ich weiß nichts, ich will nichts wissen, und ich kann auch nichts wissen von der Wahrheit der primitiven Gesellschaften. Sie werden hier einfach als anthropologischer Einsatz der Reversibilität in unserer Gesellschaft angesprochen. Also, das Dispositiv der Reversibilität wird einmal vom Tode getragen, ein andermal von der Verführung und in meinem letzten Buch, den "Strategies fatales" (Paris 1983; Vorschläge zur Übersetzung des Titels, D. Kamper: Fatale Strategien, G. Bergfleth: Schicksalstrategien), einfach vom Objekt. Nicht mehr das Subjekt ist Träger der Strategie, sondern das Objekt. Und ich spreche über die Strategien des Objekts genauso wie über den Tod. Nun, nicht genauso, aber ... Sie werden ja selber sehen. Es ist immer dasselbe Problem, das von einem Niveau zum anderen übertragen wird. Und das Objekt hier hat auch keinen Ort in einer Subjekt-Objekt-Dialektik. Das ist einfach ganz vorüber. Aber ich meine, daß es ein Spiel gibt und eine Regel, eine Spielregel, über die das Objekt Herr ist. Das Objekt ist Herr der Verführung, der Strategien, der Variabilität; das Subjekt hat seine Strategien erschöpft. Es gibt keine mehr, die uns Hoffnung bringt. Auch nicht die des Objekts. Wir werden vielleicht darüber sprechen, was ich damit meine. Aber das Wesentliche ist, daß es immer eine Reversibilität gibt, die ich in einem gewissen Sinne ironisch verstehe. Das ist auch die Trennungslinie zwischen mir und Herrn Bergfleth. Also, das ist kein Angriff, aber wir sprechen hier ja über das Ganze, und das Buch und der Essay sind zusammen erschienen.

Bei mir ist das alles nicht religiös gemeint. Der Tod, der Opfertod ist hier niemals religiös gemeint, weil er gerade kein existentizieller Einsatz ist zum einen und weil er immer antagonistisch und ironisch gemeint ist, niemals religiös, versöhnlich. Ich meine, der religiöse Standpunkt, auch in Bezug auf den Opfertod wäre ein versöhnender Standpunkt, alles liefe auf Versöhnung, wenn nicht Aufhebung hinaus, während bei mir alles auf Unversöhntheit hinausläuft. Reversibilität ist auch Unversöhnlichkeit. Es bleibt ein ewiger Antagonismus zwischen Subjekt und Objekt, Leben - Tod usw.; die beiden Pole werden nicht aufgehoben, sie bleiben immer antagonistisch. Es gibt da vielleicht eher ein Prinzip des Übels als ein Prinzip der Versöhnung, ein Prinzip der Unversöhnung, das darunter liegt. Und das ist die Kluft zwischen den beiden Standpunkten; und ich möchte der Verwirrung vorbeugen, die es hier mit dem Tod geben kann. Ich möchte klarmachen, daß es in diesem Buch zwischen Leben und Tod keine Versöhnung gibt, keine Aufhebung, keine Dialektik, sondern ein Spiel, eine Herausforderung, eine Reversibilität. Aber Reversibilität bedeutet nicht die Konfusion zweier Pole und auch nicht ihr Ineinandergreifen. Nein, es ist etwas Dualistisches, etwas Antagonistisches. Und das ist niemals der Standpunkt der Religion.

Dietmar Kamper: Vielleicht darf ich mal den Versuch machen, das ein bißchen zu verknüpfen mit dem, was wir gestern vermutet haben. Wir waren ja in der - vielleicht günstigen - Lage, zunächst mal über das Buch , so wie es uns vorkommt, so wie wir es gelesen haben, sprechen zu können und dann auch Vermutungen anzustellen. Und die Hauptschwierigkeit, so wie ich sie in Erinnerung habe, war eigentlich die, daß den meisten Anwesenden die Aussagen einleuchten, sie aber nicht wissen, warum, oder sich darüber nicht genug Rechenschaft geben können. Irgendwo war es gestern eine heimliche Anforderung an die Beteiligten, herauszufinden, worin eigentlich die Plausibilität dieses Buches liegt. Das kann natürlich eine Art Verschiebung des Problems bedeuten. Aber wir sind auf dem Wege doch zu einigen Punkten gekommen, die insbesondere das, was Sie (Jean Baudrillard) jetzt nochmal die Reversibilität genannt haben, wenigstens ansatzweise zu begreifen. Also es war soweit zuzugestehen, daß das System der Codes, insbesondere das semiologische System der Medien, kein anderes mehr kennt. Das ist ein Gedanke, der sich zumindest in der in Deutschland nach wie vor mächtig vorhandenen Tradition der Kritischen Theorie gegen Ende bei Adorno in der "Negativen Dialektik" wiederfindet. Bei dem Versuch, die total werdende Immanenz zu brechen, hat Adorno meines Wissens auch auf das Objekt gesetzt. Er hat allerdings geschrieben, Objektivität sei ihm zunächst eine "terminologische Maske" für etwas, das er nicht weiter oder nur mühsam näher bezeichnen kann; es heißt auch "das Nicht-Identische", also das, was in den Immanenzzusammenhang des Systems eigentlich nicht hineinkommt. Nur die Auflösung, und darüber haben wir gestern auch schon gesprochen, bei Adorno ist eigenartig vertrackt. Ich hatte seinen Schlußsatz aus der "Negativen Dialektik" herangezogen, um das zu verdeutlichen, also : "Solidarisch mit Metaphysik im Augenblick ihres Sturzes", und hatte gesagt, bei Dir (Jean Baudrillard) ist das eigentlich anders, nämlich: unversöhnt mit dem System im Augenblick seines Sturzes", unversöhnt. Und was das eigentlich jetzt meint, ist die Frage. Ob das nicht ein permanentes Nachgeben meint, ein Überbieten auch, da das System sich ja ständig wandelt, ein Überbieten von theoretischen Einsichten, die man mal hatte und ob man dann nicht im Grunde doch nur ein Moment, vielleicht sogar ein Faktor dessen wird, was man eigentlich zum Widerpart hat. Die Frage also, wie sich über diese Stationen des Todes, der Frau, des Objekts die Reversibilität überhaupt halten läßt, kursiert permanent, hatte ich den Eindruck gestern.

<u>Ulrich Sonnemann</u>: Ich möchte nur auf etwas aufmerksam machen. Aus dem, was Du (Dietmar Kamper) gerade gesagt hast, ergibt sich der Anschein, als ob hier so etwas wahrzunehmen sei wie eine Differenz zwischen Adorno und Baudrillard. Da bin ich gar nicht sicher. Wenn nämlich die Solidarität mit der Metaphysik und die Unversöhntheit mit dem System ein Gegensatz wäre, dann würde sich ja ergeben, daß sozusagen das, was Adorno mit Metaphysik im Moment ihres Sturzes meint, gleichzusetzen wäre mit dem System in Ihrem (Jean Baudrillard) Sinne; und das ist gerade nicht der Fall. Metaphysik im Stürzen wie Metaphysik überhaupt basiert auf der Hoffnung, daß es zu dieser restlosen,

nicht mehr durchbrechbaren Immanenz nicht komme, in anderen Worten, gerade dort, wo sich ein Widerspruch gegen die Totalität der Immanenz regt, ist man bereits auf der Seite der Metaphysik, findet die Rivalität mit Metaphysik bereits statt. Und dann fragt es sich, was Adorno betrifft, lediglich, wie wir diese Solidarität zu deuten haben, denn Metaphysik im Augenblick ihres Sturzes bedeutet ja, daß es sozusagen aus mit ihr sei. Dann ist die Vokabel "Solidarität" ja sinnlos. Es kann sich nur um Solidarität mit etwas handeln, was noch Zukunft hat, was, indem es stürzt, sogleich die Chance hat, durch diese Solidarität gerettet zu werden, auf die Weise, daß der Sturz in eine Landung verwandelt wird. So habe ich das selber zuerst gedeutet.

Gerd Bergfleth: Ich finde das auch richtig. Also, was man hier vergessen muß, ist der Sturz. Das System entspricht dem Sturz der Metaphysik. Ich glaube aber, daß wir heute doch über die Metaphysik sprechen müssen. Sie (Jean Baudrillard) lehnen das ab. Ich kann aber zunächst mal eine Frage stellen: was verstehen Sie unter Metaphysik, unter Ontologie? Ist das dasselbe für Sie oder etwas Verschiedenes?

Jean Baudrillard: Also, ich unterbreche Sie gleich. Ich habe ja keinen philosophischen background. Die Bücher sind nicht im Bereich des philosophischen Denkens gebaut worden. Das müssen Sie einfach mal verstehen. Ich kann auch sagen, diese Bücher sind völlig metaphysisch gemeint. Ja, auch, ich wäre derselben Meinung. Sie sind es auch gar nicht. Warum will man das so abstempeln? Ich weiß nicht, was Metaphysik ist, ich weiß nicht, was Ontologie ist. In der Simulation kann ganz einfach und per definitionem nicht mehr von Metaphysik gesprochen werden, meine ich, ebensowenig wie von Radikalität. Sie (Gerd Bergfleth) sagen selber, und das ist gut verstanden, daß, wenn das System sich radikalisiert, auch die Radikalität Simulation wird. Wenn die Simulation geradeso wie der symbolische Tausch ein Ende macht, radikal, mit dem Prinzip der Realität, dann ist das a-logisch, unerträglich und auch metaphysisch undenkbar. Aber es ist so. Und ich gehe von dieser Unlösbarkeit der Lage aus; ich meine, wir bringen es nie zu einer Lösung. Es ist und bleibt ein Rätsel. Da können wir keine prächtige Metaphysik darauf bauen. Es ist unmöglich. Wir stehen vor dem Rätsel, daß im Grunde genommen keine klare Differenz existiert zwischen Simulation und symbolischem Austausch, zwischen Verführung und Obszönität. Sie können uns als die beiden entgegengesetzten Formen erscheinen, zwischen denen die Alternative spielt; und ich lasse die Alternative spielen, auch in dem Buch, aber im Grunde bleibt die Tatsache, daß die beiden auf einerlei hinauslaufen. Und das ist das Ende der Metaphysik. Darüberhinaus können wir nicht gelangen. Dieses Rätsel können wir nicht lösen. Wir können nicht die Alternative wählen gegen diese Simulationstatsache. Alles liegt irgendwie so in einer Kurve, einer Kurve und gerade nicht auf einer geraden Linie, sodaß die Alternative endlich , wir wissen nicht wie, auf dieselbe Ebene gerät wie das System selbst. Das ist kein Mangel an Logik; das ist keine "französische Frivolität", wie Sie (Gerd Bergfleth) auch sagen. Wir können das Rätsel einfach nicht lösen, wir bleiben in dieser A-Logik in dieser Unlösbarkeit stecken.

<u>Gerd Kimmerle:</u> Meine Grundfrage wäre da eigentlich: warum Reversibilität? Die wird als das eingeführt, auf das alles zu beziehen ist, und mir ist nicht ganz klar, warum. Welchen Stellenwert hat eigentlich die Struktur der Reversibilität? Jetzt, nach dem, was Sie (Jean Baudrillard) gesagt haben, erscheint es mir so, als seien der symbolische Tausch, die Frauen, der Tod und was weiß ich, was noch, beliebige Beispiele für eine Struktur, die dahinter steht, nämlich: die Reversibilität. Und die scheint einerseits der absolute Gegenpol gegen das System zu sein, andererseits aber offensichtlich auch etwas, was innerhalb oder unterhalb der Strukturen des Systems immer noch beherrschend ist. Zwei Fragen habe ich also: Warum überhaupt Reversibilität? Und ist das nun ein Gegenpol außerhalb des Systems oder etwas, was alles durchherrscht?

<u>Jean Baudrillard:</u> Ich habe nicht ganz verstanden. Sie fragen: Warum Reversibilität? Warum nicht Irreversibilität? Ja, auch hier sind die Termini etwas konfus, denn wir können auch auf Irreversibilität wetten oder setzen. Ich meine, daß System kann **alles** auf seine Ebene bringen. Wir gehen auf ein System zu, das

alles in die Simulation aufsaugen kann. Und ich meine, wir **müssen das** geradeso beschreiben, als ob nichts entweichen könnte, und ich glaube, daß auch nichts der Simulation entweicht.

Gerd Bergfleth: Und warum sprechen Sie dann von einer Symbolik?

Jean Baudrillard: Ja, weil doch alles entweicht. Ich meine, das ist kein metaphysischer Umsturz; es bleibt die Tatsache, daß alles in die Simulation aufgesaugt wird. Und ebenso bleibt doch etwas, wenn nicht alles, unreduzierbar, weil alles einer wunderbaren Reversibilität unterliegt. Ich kann das nicht anders aussprechen. Beides gilt zusammen. Es gibt diese Umkehrung, gerade in einer Welt, in der alles simulativ ist, ich weiß nicht genau, warum; es ist eine Sache der Sättigung des Systems, der Kurve, die die Syteme nehmen usw.. Aber das ist keine Sache der Überschreitung oder der Subversion. Das ist keine Utopie mehr. Es ist etwas Immanentes. Darum sprach ich vom Objekt. Das Subjekt ist, was sich nicht realisiert hat, was sich in eine Zukunft hinein entwirft, Ansprüche erhebt. Das Objekt dagegen hat sich völlig realisiert, das Objekt ist überall das, was schon vollständig ist. Und darum werden wir dem Objekt in diesem Sinne nicht entweichen. Diese Vollständigkeit des Objekts steht da wie ein ironisches Schicksal, meine ich, denn die Tatsache selbst, daß das Objekt vollständig ist, ist ironisch. Von diesem ironischen Schicksal spreche ich, davon gehe ich aus. In diesem Buch ("Der symbolische Tausch und der Tod") ist das noch nicht ganz klar. Ja, ich gestehe, daß der Tod hier eine zweideutige Rolle spielt. Aber jetzt bin ich mir darüber im Klaren, daß das System selber sich, in der Kurve, die es nimmt, ironisch umstürzt.

Hartmut Schröter: Da möchte ich mal nachfragen. Dieser Umsturz, passiert der in demselben Element, nämlich: der Wahrheitslosigkeit, so möchte ich das mal nennen? Heißt das, daß, wenn alles fungibel wird, dann auch alles entgehen kann? Ich könnte dann immer wieder neue Spielmöglichkeiten erfinden, die der Vordefinition durch das System wieder entgehen. In dem völlig freien Raum, den das System, der Code, erzeugt, wäre dann zugleich auch die Möglichkeit geschaffen; weil nichts mehr verbindlich ist, es weder eine Tradition noch eine Natur gibt, in der ich verankert wäre, ist nun alles möglich. Das wäre nur eine Nachfrage, ob Sie (Jean Baudrillard) das so denken. Aber ich hätte vorher gern noch etwas anderes gesagt. Man kann ein Buch ja auch mal gegen die Weiterentwicklung des Autors verteidigen; und das würde ich grade bei diesem Buch gern tun, also bezogen auf den symbolischen Tausch. Die Realität sei zu Ende, ist die These. Also ich hatte beim Lesen den Eindruck, daß das Buch eigentlich einen ganz bestimmten Begriff von Realität entwickelt, den des Positiven. Sie sagen, mit der Realität, den Substanzen, sei es zu Ende. Jetzt sage ich, weil Wirklichkeit, ich benutze mal ein anderes Wort dafür, eigentlich grundlegend transitorisch ist, eigentlich nur ein Wechselgeschehen ist zwischen Grundfaktoren wie Tod und Leben, was Sie Antagonimus nenen, der aber auch eine Form der Beziehung ist, und den symbolischen Tausch habe ich als solch ein Wechselgeschehen verstanden, deswegen ist die Wirklichkeit nicht als Substanz beschreibbar, sondern nur in diesen Beziehungsverhältnissen. Da gibt es keinen Halt darin. Und das ist mir ein sehr sympathischer Gedanke, den ich nicht gerne preisgeben würde. Also das wäre nun nicht auch wieder ein Simulakrum des Denkens, sondern da denk ich, ist doch ein Halt gewonnen. Zumindest insofern, als man nun historisch aufzeigen kann, wo noch im Sinne der (Substanz)Metaphysik gedacht wird. Und wenn wir uns das klarmachen, dann kommen wir erst in den neuen Bereich, die transitorische Wirklichkeit, die mit dem symbolischen Tausch beschrieben wird. Und da würde ich jetzt mal gegen Ihre eigene heutige Behauptung sagen, daß da schon was beschrieben ist, was andere Kulturen vollzogen haben. Ich würde dem mehr Realität geben, als Sie es jetzt später tun.

Gert Mattenklott: Ich möchte die Frage aufnehmen, die Herr Kimmerle schon gestellt hat. Ich frage mich, bei dem, was Sie (Jean Baudrillard) beschreiben: Ist diese Tendenz des Systems, sich selbst zu perfektionieren und alles aufzusaugen, ist das wirklich eine Tendenz des Systems oder ist das eine Tendenz der Metapher, in deren Gewalt Sie selbst plötzlich stehen? Mein Eindruck ist, daß aus Ihnen die Metapher der

Reversibilität spricht und sich selbst perfektioniert. Und
da frag ich mich, welche Kriterien es eigentlich gibt, das
zu unterscheiden, also ob es eine Tendenz der Gesellschaft
ist, die darauf zielt, alles austauschbar zu machen, Reversibilität zu betreiben. Der Tod, die Frauen, das Objekt, alles
einerlei. Wenn das so ist, dann würde ich aber von dem Soziologen Baudrillard hören wollen, was sich eigentlich zwischen
1975 und 1982 in dieser Szene so grundlegend verändert hat,
daß Sie damals sagen konnten, die Frauen, die Schwarzen, die
Homosexuellen, das seien Ausgeschlossene, von denen eine aufsprengende Energie ausgehe, und daß Sie heute, wo dieser Anteil
von Ausgeschlossenen eher größer geworden ist und die Szene,
wie ich meinen würde, sich dramatisiert hat, aber sagen: Nein,
- vielleicht ist das wirklich eigentlich ein Selbstmißverständnis - im Grunde sind das alles nur Metaphern, und es steckt
darin keine Realität.

Jean Baudrillard: Jedenfalls wenn ich von Frauen spreche, im
"Verführungs"buch, dann ist das niemals die Frau in Bewegungen,
also wenn nicht eine Metapher, so ist sie da doch etwas anderes
als eine Realität. Aber Sie (Gert Mattenklott) haben recht, was
die Überbietung der Metapher in dem Buch betrifft. Es ist klar,
das ist ein Irr-Wink eines Buches. Wenn Sie von Simulation sprechen, dann muß auch Ihr Buch simulativ sein. Das ist unausweichlich. Wenn Sie von Verführung sprechen, dann muß auch das
Buch verführen, wenn nicht gar irreführend sein. Wenn Sie von
symbolischem Tausch sprechen, dann muß auch das Buch zugleich
simulativ und symbolisch sprechen. Ja, also Sie haben ganz recht,
das ist eine Sache der Metapher. Ich bin da kein Soziologe; das
hat mit der Soziologie nichts zu tun, also mit der Soziologie
der sozialen Wirklichkeit. Die sozialen Tatsachen interessieren mich überhaupt nicht. In diesem Sinne wäre ich ein besserer Metaphysiker als ein Soziologe oder irgendwas anderes, aber
kein Soziologe. Das ist wirklich sehr wichtig. Auch diese Herausforderung, ob die symbolische Ordnung usw. aus der Metapher herausläuft oder der Realität. Wer weiß das? Wir können
das nicht auflösen. Das ist eine Sache der Sprache, denn in einem Diskurs werden wir nie aufteilen können, was die Tatsachen
und was der Diskurs selbst ist. Es ist ein Spiel. In dem gibt

es freilich auch Spielregeln, aber sie sind verborgen. Wenn man Lösungen fände, Wahrheiten auflisten könnte, dann wäre das ein schlechtes Buch. Wir müssen in diesem Rätsel bleiben, daß nicht klar unterscheidbar ist, was von der Metapher selbst weitergetrieben wird und in welchem Sinne es mit der Qualität der Wirklichkeit verbunden bleibt. Wir wissen das gar nicht. Ich für meinen Teil glaube, daß es doch irgendwie eine Wirklichkeit spielt oder abspult, ich weiß nicht. Es scheint mir augenscheinlich zu sein. Aber ich könnte es nicht belegen. Ich arbeite ja gerade ohne viele Referenzen. Ja, Bataille ist dahinter, auch Nietzsche, auch Hölderlin, aber das sind keine Referenzen, die spielen da in einem anderen Sinne mit herein. Also wenn ein Buch keine Referenz hat, im striktesten Sinne des Wortes, und auch keinen philosophischen Gegenstand, dann überbieten und steigern sich natürlich seine inneren Effekte. Das ist es gerade, was ich beschreibe. Wenn die Wirklichkeit kein Urbild, keine Originalität mehr hat, kein Realitätsprinzip und keine Endzwecke mehr, dann steigern sich die Effekte. Und diese Steigerung der Effekte bei Abwesenheit der Gründe oder Zwecke interessiert mich vor allem. Ich meine, die Welt hat diese Wendung genommen und das Buch, also gut: irgendein Buch, muß auch diese Wendung nehmen. Das ist keine Aufhebung mehr, sondern eine Potenzierung. Und diese Potenzierung ist wirklich interessant.

<u>Ulrich Sonnemann:</u> Das führt mich zurück auf die Frage, die bereits gestellt worden ist, nach dem Stellenwert dieser Reversibilität. Ich frage mich, ob das jetzt sozusagen normativ gemeint ist, also als etwas, worauf wir setzen, worauf wir hinarbeiten könnten, oder ob das gewissermaßen als Zug der Immanenz gemeint ist; und das würde ja dann eigentlich unvereinbar sein mit der bloßen Steigerung, von der Sie (Jean Baudrillard) gerade gesprochen haben. Mit anderen Worten: wie hat man sich die Reversion vorzustellen? Wie ist das mit dem ironischen Aspekt, den Sie hervorgehoben haben? Ist eigentlich in der Ironie selber bereits ein Schritt aus der Immannenz heraus getan? Denn in dem Augenblick, in dem das Ironische an einem Objektzusammenhang aufdämmert, ist das ein Ereignis auf Seiten eines Subjekts, das, insofern ihm das aufdämmert, diesem Immanenz-

zusammenhang nicht mehr angehört. Ich frage mich, ob wir uns nicht im Kreis drehen, solange wir nicht die Beobachtung machen, daß hier ein Widerspruch im impliziten Gebrauch des Begriffs der Zeit steckt. Alles, was sich in Objekt verwandelt, gehört dem Perfektum an. Oder umgekehrt: insofern sich etwas abschließt, was vorher Subjekt gewesen ist, verwandelt es sich notwendig in Objekt. Insofern es damit aber abgeschlossen ist, ist es dann auch nicht mehr und hat dann auch keine Macht mehr - da wäre der Ansatz eines Widerspruchs zu Ihrer Wahrnehmung -, keine notwendige Macht mehr über das, was kommen will oder kommen muß oder kommen sollte. Ich hatte gestern bereits vorgeschlagen, daß eventuell diese Beobachtung des sich immer steigernden, ins Simulierende hineinsteigernden Immanenzzusammenhangs vielleicht die Extrapolation einer Tendenz ist, die wir wahrnehmen können an den Entwicklungen der jüngsten Jahrzehnte. Wenn das dann aber tangential verlängert wird ins Unendliche hinein, dann könnte darin eine typische Täuschung liegen, der die Geschichte dann immer wieder einen Streich spielt. Im Grunde setzen Sie (Jean Baudrillard) ja auch auf diese Überraschungen, denn sonst wäre ja die Rede von der Reversibilität eigentlich sinnlos. Der liegt doch die Hoffnung zugrunde, daß es zu einer Reversion kommen kann, die sich eventuell in der Wahrnehmung dieses ironischen Bereichs bereits andeutet.

Jean Baudrillard: Ich muß ein Wort über die Ironie sagen. Das ist in diesem Sinne keine Ironie. Ich spreche von objektiver Ironie, und das ist keine subjektive mehr. Das goldene Zeitalter der subjektiven Ironie ist für uns verloren, glaube ich, also die Welt, das Universum des Subjekts, des Verlangens, des Willens.

Ulrich Sonnemann: Setzt aber nicht die objektive Ironie immer noch einen Wahrnehmenden voraus, ein Subjekt? Und wenn es den nicht gibt, was bedeutet dann - nicht nur objektiv oder nicht objektiv - überhaupt noch das Wort Ironie?

Jean Baudrillard: Ich weiß es nicht. Ich meine, wir sind in einer Welt, die, weil sie sich als Simulation vollzieht, keine Perspektive, keinen reflexiven Standpunkt mehr möglich macht.

Warum das objektive Ironie ist, kann ich nicht ganz klar sagen, aber das ist keine metaphysische Ironie mehr, also keine des Verstandes oder des Aufstandes usw. Diese Reversion der Immanenz löst alle Transzendenz auf, und es bleibt dann nur noch ein Zustand objektiver Ironie. Ich habe das an einigen Beispielen besprochen, etwa an der Masse. Also die Masse z.B. ist kein soziales oder historisches Subjekt mehr, sondern nur noch dieser simulative Prozeß, in dem der Sinn des Sozialen aufgesaugt wird. Die Masse hat keine Antwort mehr auf all die Fragen, die man ihr stellt, und in ihrer Schweigsamkeit wirft sie alles zurück, nicht als Wille oder Vorstellung. Also sie reflektiert alles, aber tatsächlich und nicht reflexiv. Und das führt zu dem rätselhaften Zustand, daß alle Fragen von irgendwoher fallen, ohne daß sich eine Antwort einstellt. Und dieser Zustand scheint mir ironisch zu sein.

Heidrun Hesse: Pitro (Hartmut Schröter) hat ja vorhin versucht, den symbolischen Tausch ein bißchen zu retten gegen die weitere Totalisierung der Simulation. Und ich glaube, daß Bergfleth auch so etwas ähnliches versucht, daß er nämlich das Symbolische retten will gegen die Simulation. Da möchte ich doch den anderen Pol nochmal betonen. Ich habe bei der Lektüre dieses Buches eigentlich schon immer den Eindruck gehabt, daß das, was als symbolischer Tausch beschrieben wird, eigentlich auch nichts anderes ist als ein System der Simulation. Und ich habe mich dann immer so ein bißchen gefragt, woher eigentlich die Hoffnung kommen könnte, daß darin etwas Subversives liege. Betrachtet man die Strukturmerkmale dessen, was hier symbolischer Tausch genannt wird, so zeigt sich ja, das auch hier eine Umkehrbarkeit, eine Reversibilität herrscht, die von nichts mehr durchbrochen werden darf. Insofern leuchtet mir die Fortentwicklung Ihres (Jean Baudrillard) Denkens ein. Diese ethnologischen Beispiele, die angeführt werden, lassen sich ja problemlos als Systeme analysieren. Sie bezeichnen gar nicht die Durchbrechung oder Überschreitung von Systemen. Der Potlatsch etwa ist ein total ausgewogenes System mit festen, verpflichtenden Regeln. Ich habe aber Probleme damit, daß die konstatierte Reversibilität an den Begriff des Codes gebunden wird. Mein Verständnis des Wortes Code orientiert sich am "genetischen Code". Auf einer gewissen Ebene, nämlich wenn man sich den in einem mathematischen Modell binär verschlüsselt dächte, gäbe es da natürlich vollkommene Reversibilität. Also es ist egal, ob auf einer bestimmten Informationsstelle nun eine Null sitzt oder im Gegenteil eine Eins, wenn das gesamte System der Verschlüsselung umgekehrt wird. Nur, der genetische Code produziert ja auch etwas. Und auf der Ebene dessen, was er produziert, ist diese vollständige Umkehrbarkeit nicht mehr da. Ich habe den Eindruck, daß Sie den Begriff Code dagegen einfach benutzen, um die spiegelbildliche Umkehrbarkeit eines Verschlüsselungssystems zu bezeichnen, daß Sie ihn als Inbegriff von Übersetzungsregeln ansehen, die nirgendwo mehr etwas produzieren und eigentlich auch gar nichts übersetzen. Und das ergibt dann dieses sinnig-unsinnige Spiel der Simulation, an dem man sich beteiligen kann, das man aber auch genausogut sein lassen kann.

Zwischenfrage Ulrich Sonnemann: Kann man das?

Heidrun Hesse: Das ist die Frage. Ja, Herr Baudrillard, Sie haben dann immer davon gesprochen, wir wollten oder wir müßten da mitmachen, wir müßten die Simulation steigern. Mir ist noch unklar, warum. Das ist die eine Frage. Und ich möchte gleich noch eine zweite anschließen. Mit der objektiven Ironie habe ich nach wie vor Probleme. Ich frage mich, ob man das dann nicht ganz anders nennen müßte, nicht Ironie. Denn Ironie ist doch etwas, wo eine Brechung stattfindet, und ob in diesem Spiegelspiel der Simulation noch eine Brechung stattfindet, das ist doch sehr die Frage.

Jean Baudrillard: Ich habe in Kalifornien, wo ich eine Zeitlang lehrte, eine Erfahrung gemacht. Also ich hatte amerikanische Studenten vor mir und sprach über Simulation. Und ich dachte mir, daß wir hier in Kalifornien sozusagen im Paradies der Simulation wären und alles genau der Analyse entspräche. Aber die Studenten haben gar nichts verstanden von dem, was ich sagte. Die waren so in der Simulation gefangen, daß sie reflexiv oder analytisch gar nichts davon begreifen konnten. Zu dem andren: ja, natürlich erhebt sich die Sprache, die Analyse über ihr Objekt, sodaß wir in eine seltsame Situation kommen. Wir sind immer in diesem drehenden Spiel, wo eigentlich keine genaue Regel der Evidenz oder der Referenz mehr existiert. Ja, wir sind gezwungen, wir müssen, wir können nicht anders als reflexiv von einer Irreflexivität, von einer Immanenz sprechen. Wir können das nicht. Die Simulation ist reine Immanenz, wenn auch natürlich eine sehr komplizierte. Der Diskurs kann nur dieses Paradox wiederholen. Ich möchte noch etwas zum symbolischen Tausch sagen. In Deutschland wird ja viel von Symbolik gesprochen. Es lag damals in der Luft. Heute ist mir dieses Wort aber etwas problematisch, ich würde es nicht mehr gebrauchen. Und zwar einerseits weil durch dieses Wort viel Verwirrung entstanden ist, inbegriffen die religiöse Verwirrung, und andererseits und besonders, weil ich heute nicht mehr an diese symbolische Ordnung glaube. Das ist natürlich lächerlich, denn das ist keine Frage des Glaubens oder Nicht-Glaubens. Aber ich meine, daß diese Reversibilität, diese Ironie jenseits der symbolischen Ordnung vorkommt. Die Verführung oder auch die objektive Ironie hat nichts mehr mit der symbolischen Ordnung zu tun. In diesem Buch gab es noch einen Traum, eine Utopie des symbolischen Tausches. Aber ich meine, die Dinge laufen so, daß auch die symbolische Ordnung, alle Alternativen von diesem Sturz betroffen sind. Es gibt keine Ordnung mehr, auch keine symbolische, keine semiologische, keine Ordnung des Codes. Wir können nicht die Simulation gegen eine höhere Ordnung eintauschen, eine symbolische Ordnung, etwa eine symbolische Ordnung des Verlangens oder eine symbolische Ordnung der Sprache. Das alles gibt es nur in einer Welt des Subjekts, nur das Subjekt ist Träger einer symbolischen Ordnung. Wenn aber einmal das Objekt in seiner reinen Immanenz da ist, dann stellt sich nicht mehr die Alternative: Ordnung oder Unordnung. Es bleibt, so meine ich, nur ein Antagonismus, eine Herausforderung, die von den Dingen ausgeht. Das ist keine Ordnung, sondern ein Duell, eine wechselseitige Überbietung, die sich niemals stabilisiert, sich in keinem Gleichgewicht beruhigt, weder im Symbolischen, noch im Religiösen oder im Historischen. Ein für allemal sind wir über diesen Punkt hinausgelangt, und hier kann nicht mehr von Symbolik die Rede sein. Symbolik bedeutet doch, daß man zwei Din-

ge aufeinander bezieht, zusammenbringt. Aber es ist nicht mehr
möglich, etwas zusammenzubringen. Die Dinge bleiben endgültig
antagonistisch gegeneinandergestellt, sie können nicht versöhnt werden.

Gerd Kimmerle: Ich möchte noch einmal zurückkommen auf das Problem des Überbietens und der Reversibilität. Ich war nämlich ziemlich in Verwirrung über das Verhältnis "Sytem - Symbolischer Tausch". Auf der einen Seite habe ich gelesen: "Im System ist alles gegeneinander austauschbar." Und über den symbolischen Tausch habe ich gelesen: "Und was sich nicht symbolisch austauschen läßt, bildet eine tödliche Gefahr." Für mich ist nicht ganz verständlich, wo dann der Unterschied ist zwischen der Ordnung des symbolischen Tausches und der Ordnung des Systems, und zwar weil beide ja vom Prinzip des Tausches ausgehen. Und alles, was nicht irgendwie integrierbar ist in eine reversible Ordnung des Tausches, wird als bedrohlich und als gefährlich begriffen. Für mich hängt das zusammen, denn was beide Male ausgeschlossen wird, das ist Irreversibilität als die Erfahrung der Zeit. Ausgeschlossen werden Zeit und Zeitlichkeit und damit auch die Erfahrung von etwas, was nicht perfekt im Sinne von abgeschlossen ist, nicht in eine abgeschlossene Vergangenheit gebracht werden und daher auch nicht als reversibel gedacht werden kann. Konstitutiv für das System wie für den symbolischen Tausch ist das Prinzip des Tausches. Und Tausch heißt ja eigentlich, daß Zeit nichtig gemacht wird. Dem Potlatsch z.B. wohnt ja eine Finalität inne, die eben nicht mehr auf Reversibilität geht. Sondern es geht da um ein Überbieten, das den anderen stillstellen soll, also etwas Abschlußhaftes hat.

Gerd Bergfleth: Aber das geht beim Potlatsch doch immer weiter. Also es gibt kein Ende.

Heidrun Hesse: Bataille schreibt, ideal sei der Potlatsch, der nicht erwidert werden könne.

Gerd Bergfleth: Aber den gibt es eben nicht.

Gerd Kimmerle: Ich habe nicht vom "Ende" geredet, sondern "abgeschlossen" gesagt. Es gibt ja bekanntlich unendliche Reihen, die einem abgeschlossenen Prinzip folgen, die einfachste ist die Addition der Zahlenreihe. Also, das ist nicht das Problem. Das Problem ist, daß alles, was nicht integrierbar ist, was anders ist, ausgeschlossen wird, auch aus der Ordnung des symbolischen Tausches, genauso wie im ökonomischen Tausch. Es gibt hier also in beiden Fällen ein Prinzip, das alles Nichtidentische ausgrenzt, eben als das "Nicht-Identische". Die Frage ist, ob mit dieser These von der Reversibilität nicht Zeitlichkeit als etwas, was auch Neues hervorbringt, von vornherein ausgeschlossen ist zugunsten eines sich selbst erhaltenden Systems von Tauschakten.

<u>Gerd Bergfleth:</u> Ich kann darauf nicht direkt antworten, aber doch noch einmal die Frage nach der Reversibilität aufnehmen. Wenn man sich auf die Analysen in dem Buch bezieht, sind damit strikt Gabe und Gegengabe gemeint, wobei der Gegengabe der Vorrang zukommt. Reversibilität ist nicht als logisches Prinzip gedacht, sondern heißt Gegengabe, Umkehrung, aber eben nicht als bloß logische Figur. Das haben Sie (Jean Baudrillard) ja klargemacht. Von daher ergibt sich doch als zweites, daß von einer symbolischen Ordnung als Ordnung auch nicht gesprochen werden kann. Ich entsinne mich auch nicht, daß Sie von einer Ordnung des Symbolischen gesprochen haben, sondern eigentlich von einem negativen Prinzip. Also einerseits soll es eine inhaltliche Umkehrung sein, andererseits soll sie nicht inhaltlich bestimmt sein und vor allen Dingen soll sie, das haben wir jetzt gehört, keine Versöhnung sein. Jetzt komme ich nochmal auf meine metaphysische Frage. Wenn man jetzt eine Metaphysik postuliert, die keine Ontologie des Gegebenen, des Positiven, des Pragmatischen, des Vorhandenen usw. ist, die auch nicht im Sinne der "Negativen Dialektik" Adornos doch noch vernunftgebunden bleibt, die nicht mehr dem Vernunftprinzip untersteht, dann frage ich mich, wieso man diese Negation nicht metaphysisch fassen kann. Metaphysik hat es seit der Romantik nicht mehr mit Versöhnung zu tun, sondern mit einer absoluten Negation, die ja übrigens auch die Romantik als Ironie begriffen hat. Metaphysik ist eben nicht Ontologie, also Ontologie verstanden als Lehre vom Gegebenen. Und der fundamentale Irrtum der Philosophiege-

schichte ist, seit Aristoteles, kann man fast sagen, Metaphysik und Ontologie gleichgesetzt zu haben als, wie du (Heidrun Hesse) immer sagst, Lehre von den ewigen Gesetzen. Wenn man von der Romantik her für Metaphysik einsetzt: Sehnsucht, unendliche Sehnsucht, dann gibt es aber keinen Gegenstand, kein Gegebenes, keinen Stillstand. Da haben wir wieder dieses Potenzierende, was Ihnen (Jean Baudrillard) zufolge auch in der Reversion liegen soll. Also Metaphysik, das sage ich hier speziell für unsere Tübinger Diskussion, könnte man definieren als Vernunftkritik, und zwar als radikalisierte Vernunftkritik, die nicht mehr bloß immanent kritisiert, sondern die überhaupt nicht vernunftgebunden ist, die also vernunftlos ist. Wenn man sich auf das Phänomen bezieht, also die Sehnsucht ... die ist einfach verrückt, aber sie ist da. Der Gedanke der Versöhnung ist kein Einwand gegen Metaphysik. Versöhnung ist eine ontologische Kategorie, die das Christentum in die Welt gebracht hat und die auch gewirkt hat, die auch wünschenswert wäre. Also, mal ganz primitiv gesagt, ich glaube, ohne ein Minimum an Versöhnung könnte ich wahrscheinlich nicht einmal hier reden bzw. einen einzigen Schritt tun. Aber wir sprechen ja nicht vom Alltagsleben, das ist ja in der Metaphysik und erst recht einer negativen Metaphysik nicht Thema, also kein Einwand.

<u>Jean Baudrillard:</u> Ja, ich bin ganz einverstanden mit ihrer Idee. Nur ist das Wort Metaphysik ja nicht ganz unschuldig. Aber jedenfalls würde ich lieber als Metaphysiker auftreten jetzt, als als irgendetwas anderes. Ich meine nur, man müßte das eher Pataphysik nennen, nicht Metaphysik. Metaphysik klingt so seriös, so ernst, das hat nicht diesen ironischen Zug. Die Metaphysik kann doch nicht die Ironie der Immanenz aufspüren. Aber sonst würde ich ganz gerne als Metaphysiker erscheinen.

<u>Ute Gerhard:</u> Zuvor sagten Sie (Jean Baudrillard), Sie seien kein Metaphysiker, sondern Soziologe. Und als wir sie darauf festnageln wollten, was denn an Gesellschaftsanalysen in Ihrer, sagen wir, Philosophie auftauche, da sagten Sie, Sie seien auch kein Soziologe in diesem Sinne. Also ich bin Soziologin, und ich kann noch nicht ganz begreifen, was der soziale Hintergrund für diese Idee der Frauen als Metapher sein mag. Wie verhält sich die-

se Metapher zur Frauenbewegung? Bei der Lektüre des Buches und auch gestern in der Diskussion schien mir nicht so ganz plausibel, was hier von einigen als plausibel oder Konsens behauptet wurde. Ich habe das ganze Buch hindurch Distanz verspürt zu ihrem Vorgehen. Es kommt mir so vor, als sei diese Form der Systematisierung eine Willkür, ich würde sagen, eine typisch männliche Willkür.

<u>Jean Baudrillard</u>: Was genau ist eine männliche Willkür?

<u>Ute Gerhard</u>: Ich kann das erläutern z.B. am Begriff der Arbeit. Sie kritisieren ja den Arbeitsbegriff der Politischen Ökonomie. Und der Feminismus hat diesen Arbeitsbegriff ja auch kritisiert und das, was Sie in dem Buch als Zukunft der Arbeit schildern, etwa den Dienst, der keine Arbeit mehr ist. Aber Sie setzen gerade in dieser Kritik doch noch mal einseitig auf den marxistischen Begriff der Arbeit, die Lohnarbeit. Die anderen Arbeiten lassen Sie einfach weg, bezeichnen Sie als Nicht-Arbeiten. Und ich denke, daß die feministische Bewegung einen wesentlichen Punkt herausgearbeitet hat, nämlich daß Hausarbeit genauso wichtig ist, eine bisher vernachlässigte Seite dieser politischen ökonomie. Noch ein weiteres Beispiel: In dem Kapitel über die Mode haben Sie praktisch behauptet, die Frauen könnten sich nur befreien, wenn sie sich als Lustobjekt oder als Objekt der Mode befreien ...

<u>Zwischenfrage Jean Baudrillard:</u> Habe ich das gesagt?

<u>Ute Gerhard</u>: Ja, das sind immer so kleine Nebensätze, in denen so etwas auftaucht. Ein anderes Mal steht da, daß praktisch die Befreiung der Frau auch nur ein alternierender Term sei. Also ich frage jetzt einmal ganz provokativ. Ich denke doch, daß hier eine theoretische und gewaltsame Ausgrenzung von anderen Lebensbereichen und anderen Lebenserfahrungen, auch anderen Möglichkeiten der Analyse dieses Systems vorgenommen wird.

<u>Jean Baudrillard</u>: Ja, daß hier besonders von Lohnarbeit die Rede ist, ist konjunkturell. Es könnte genauso gut vom Dienst oder anderen Arbeitsformen die Rede sein. Die werden heute alle

allmählich in das System integriert. Genau wie die verschiedenen gesellschaftlichen Gruppen, die allmählich befreit werden, in dem Sinne befreit werden, daß sie nun nach und nach in die Ordnung des Systems eintreten dürfen. Auch der Dienst oder die Hausarbeit werden allmählich sozialisiert. Es gibt ja sogar die Forderung der Frauenbewegung nach Entlohnung der Hausarbeit. Aber diese Forderung durchbricht gar nicht die Spielregeln des aktuellen Systems. Das alles wird keine Revolution bringen. Daß allmählich alle sozialen Gruppen zur sozialen Existenz kommen, dazu, ihre Strategien durchzusetzen, das ist eine Dramaturgie, eine Dramaturgie des Systems. Diese subjektiven Strategien, die meistens Strategien der Befreiung sind, werden heute alle vom Netz des Systems aufgefangen, das virtuell perfekt ist. Diese Bewegungen arbeiten sogar selbst mit an der Potenzierung des Systems. Das ist das Paradox. Es ist die Strategie des Systems, uns zu Subjekten zu machen. Und gegen ein solches System, das uns als Subjekte will, können sich nur andere Strategien richten, nämlich Strategien des Objekts. Nur sie sind richtige Waffen gegen dieses neue System. Darum analysierte ich die Masse unter dem Gesichtspunkt der Objektstrategie und auch die Frau als Objekt. Aber das sind keine entfremdeten Objekte mehr wie in der früheren Dialektik. Nein, wir leben nicht mehr in einem System der Entfremdung, sondern in einem der Ekstase aller Projekte, aller Subjekte, würde ich sagen. Wir leben in einem Zustand der virtuellen Vollkommenheit des Sozialen. In dieser Lage setze ich auf andersartige Strategien, auf Strategien des Objekts, also z.B. der Frau als Objekt. Damit ist nicht die Entfremdung der Frau gemeint, die sich in einem sexuellen Gegensatz zum Männlichen befindet, sondern die Frau als Trägerin der Reversibilität, der immanenten Reversibilität.

Ulrich Sonnemann: Ich habe eine elementare Frage: Was ist unter einer Strategie des Objekts zu verstehen, wenn diese Strategie doch gleichzeitig unsere Strategie sein soll? Also vielleicht könnte einfach einmal der Begriff der "Strategie des Objekts" etwas erläutert werden.

Jean Baudrillard: Ja. Das ist die Strategie von niemandem mehr. Wir können diese Strategie keinem historischen oder kollektiven

Subjekt unterschieden. Denn dann gäbe es ein Subjekt, und es wäre nicht mehr die Strategie des Objekts. Aber die Strategie des Objekts ist natürlich paradox, weil man eine Strategie nicht ohne ein Subjekt denken kann. Ich meine das Objekt in dem Maße, wie es sich nicht als Subjekt oder auf ein Subjekt hin denkt. Denn genau in diesem Maße ist das Objekt entfremdet. Wenn es aber diese Spielregeln nicht mehr beachtet, dann ergibt es etwas anderes, dann kommt dem Objekt eine andere, eine höhere Subjektivität zu, als es die war, die früher dem subjektiven Subjekt zugehörte. Ich weiß nicht viel darüber, wir können nicht viel darüber wissen, weil die ganze frühere Metaphysik eine des Subjekts und der Souveränität des Subjekts war. Ich will einfach herausfinden, was danach kommt, was darüberhinausgeht.

<u>Gerd Bergfleth:</u> Aber das Objekt ist doch niemals entfremdet. Entfremdet kann nur ein Subjekt sein.

<u>Jean Baudrillard:</u> Ist gut, ja.

<u>Gerd Bergfleth:</u> Sie können da für das Objekt meinetwegen eine Fremdheit verlangen, die das große Rätsel ist, aber Sie können ihm nicht Entfremdung unterstellen.

<u>Ulrich Sonnemann:</u> Jean Baudrillard hat das ja auch gerade zurückgenommen. Er hat geklärt, daß nicht das Objekt als entfremdetes gemeint ist, sondern als Träger einer rätselhaften paradoxalen Strategie, an die sich dann, wenn ich richtig verstehe, eine gewisse Hoffnung heftet.

<u>Jean Baudrillard:</u> Nein, keine Hoffnung. Die Alternative des Objekts ist keine hoffnungsvolle. Sie kann sich nicht mehr auf eine Eschatologie gründen oder eine sich enthüllende Wahrheit. Es ist keine Erwartung und auch keine Möglichkeit. Ich würde strenggenommen nur von Erscheinen und Verschwinden sprechen und davon, daß Subjekt und Objekt die Stellung wechseln können. Ein Subjekt stirbt. Erscheinen und Verschwinden aber sind das Feld des Objekts, also auch ein ästhetisches und ironisches Feld. Sterben dagegen ist nichts. Gut, es ist etwas, aber keine Kunst. Verschwinden ist eine Kunst. Es gibt eine Kunst des Er-

scheinens und Verschwindens. Das Verschwinden ist ironisch, der Tod dagegen ist dramatisch. Es gibt eine Kunst des Verschwindenlassens. Diese wurde von den Leuten in anderen Gesellschaften praktiziert, in denen es kein Sterben gab, sondern nur ein Verschwinden. Und auch das Erscheinen ist so ein Modus des Objekts, im Gegensatz zum subjektiven Geborenwerden und Sterben.

Dietmar Kamper: Aber hat das dann nicht doch mit Zauberei zu tun? Wir kennen doch das Verschwindenlassen und das Zur-Erscheinung-Bringen bei den Gauklern. Also könnte man das vielleicht zusammenbringen mit dem, was du (Jean Baudrillard) sagtest: Wir müssen im Rätsel bleiben. Also es ist ununterscheidbar, ob wir mit der Reversion der Gewalt der Metapher oder Rede anheimfallen oder der Gewalt der Realität. Wenn das so ist, dann müßte man vielleicht die Kategorien der alten Zauberwelt auch wieder hilfsweise ins Spiel bringen. Überhaupt sind ja alle Kategorien Hilfsmittel, die benutzt werden, solange es geht, und dann kommen wieder neue. Sie sind verschwindende und erscheinende Hilfsmittel. Vielleicht müßte man die Kategorie der Rache wieder aufnehmen. Ich habe den Eindruck, daß die sich in den Baudrillardschen Theorien durchhält. Wenn ich beispielsweise an den einen Hauptsatz denke: "Wer sich nicht austauscht mit dem Tod, muß ein todähnliches Leben führen." Das ist eine Gesetzmäßigkeit, die die Form der Rache hat. Dann, bezogen auf die Geschichte: Wer den Sinn zur Waffe macht, kommt darin um oder kommt dadurch um. Und es fragt sich, ob nicht diese fatalen Strategien oder die Strategie des Fatalen eine Rache der Objekte oder des Objektiven ist. Es ist natürlich sehr schwer, sich das klarzumachen. Das wäre dann sozusagen eine Deutung des Immanenzzusammenhangs von halbaußen. Und ich glaube, daß darin eine Evidenz liegt, die nicht vollkommen beliebig ist, sondern von der Objektivität ausgeht. Das klarzustellen, ist mir sehr wichtig. Sehr oft wird geäußert, daß deine (Jean Baudrillard) Aussagen etwas von Beliebigkeit, terroristischer Willkür haben, als ob das alles bloß ausgedacht sei und ebensogut wieder vergessen werden könnte. Aber eigentlich kann man nicht sagen, man habe das in der Hand, was man sage. Oder: es ist auch nicht ganz gleichgültig, was ich sage. Der Hinweis darauf, daß ein Buch

über die Verführung, das nicht selbst verführerisch ist, ein
schlechtes Buch ist, verstärkt diesen Eindruck nochmal. Man
muß sich also selbst unter die Konsequenzen oder die Effekte
des eigenen Sprechens stellen und hat das gar nicht in der
Hand, das beliebig zu verändern. Das würde dann vielleicht
auch etwas mehr über den Stellenwert solch paradoxer Aussagen klarmachen, wenngleich mir scheint, daß diese Paradoxie,
die ja schon mehrfach angesprochen wurde, unauflöslich ist.

Ulrich Sonnemann: Diese Paradoxie ist unauflösbar, aber sie
klärt sich jetzt doch zunehmend. Zunächst einmal ist dieser
totalisierte Objektbegriff ja gar nicht denkbar, denn wo ein
Objekt ist, muß auch ein Subjekt sein, sonst verliert der Objektbegriff ja seine eigene Konstitution. Es ist aber auch
gar nicht das Objekt gemeint, sondern es ist etwas gemeint,
was bereits bei Anaximander auftaucht: daß die Dinge vergehen
müssen nach der Schuld, die sie sich durch ihr Erschienen-Sein
aufgeladen haben. Und ich glaube, es wäre irreführend, das mit
dem Begriff eines totalisierten Objekts zu belegen. Das ist
im Gegenteil der magischen Sicht der Dinge viel näher.

Gert Mattenklott: Mich bestürzt doch etwas, mit welcher Geschwindigkeit Sie (Jean Baudrillard) die Theorie des symbolischen Tausches preisgeben, die Idee des Opfers und diesen ganzen Zusammenhang, die mich, muß ich gestehen, sehr fasziniert
haben. Und ich weiß auch noch gar nicht, ob Sie selbst sich
in dem, was Sie bisher darüber gesagt haben, richtig interpretiert haben. Sie haben zu Beginn der heutigen Diskussion die
Einwände, die Bergfleth im Nachwort macht, sehr entschieden
und klar zurückgewiesen und gesagt, mit dem Tod sei keineswegs
das Sterben gemeint gewesen, sondern Tod sei von Anfang an,
auch in diesem Buch schon, für Sie eine Mataphher gewesen. Das
möchte ich bestreiten. Der Tod ist in diesem Buch keine Metapher in dem Sinn, in dem Sie heute, 1983, den Tod als Metapher
interpretieren, sondern der Tod gehört in diesem Buch zweierlei
Ordnungen an. Auf der einen Ebene ist er ein Ereignis in dem
Sinne, in dem Sie heute dazu noch stehen wollen, aber auf einer anderen Ebene ist er auch immer der leibhafte Exitus. Und
deswegen fasziniert er Sie auch im Zusammenhang Ihrer Theorie

des symbolischen Tausches. Man kann nämlich nicht metaphorisch sterben, sondern wer stirbt, der Terrorist oder wer auch immer, der ist dann wirklich weg. Und in diesem Buch haben Sie, glaube ich, in diesem Sinne noch ein naturalistisches Element erhalten wollen und einen Silberblick gewissermaßen auf das Kreatürliche. Diesen Silberblick auf die Kreatur, die sterben muß und deren Sterben nicht ästhetisierbar oder korrigierbar ist, denn wer stirbt, ist dann tot, wirklich nicht mehr da, diesen Silberblick haben Sie jetzt korrigiert. Es schert Sie nicht mehr, es schert Sie nicht mehr das Sterben der Kreatur. Ich finde, da ist eine Dynamik der Ästhetisierung am Werk, durch die Sie sich, finde ich, heute um den Ernst bringen, den das Buch Mitte der siebziger Jahre doch noch hat. Dort changiert die Theorie: der Tod ist eine Metapher und doch wieder auch nicht. Dieser Tod ist leibhaftig und wird bezeugt durch das Sterben von Individuen und auch wieder nicht. Dieses Changieren geben Sie jetzt ganz preis und wie mir scheint zugunsten eines galoppierenden Ästhetizismus.

<u>Jean Baudrillard</u>: Ich bin damit einverstanden, daß der Tod hier als zweierlei erscheint. Es kann auch sein, daß ich das Buch nachträglich falsch interpretiere und daß Sie (Gert Mattenklott) es klarer sehen als ich. Es gibt wirklich eine gewisse Todesleidenschaft in diesem Buch. Aber ich meine, die Energie, die aus dem Tod strahlt, kommt nicht vom existentiellen Tod her. Darum ist es auch ungerecht, gegen mich einzuwenden, daß ich vor meinem Tisch vom Tode spreche und vom Terrorismus spreche und dabei ganz ruhig an meinem Tisch sitzen bleibe. Das ist nicht das Problem. Die Todesleidenschaft, um die es hier geht, ist nicht die des subjektiven Todes, sondern diejenige, die im symbolischen Tausch aufscheint, in den Grafiti usw.. Ich meine, dieses Buch ist ein Durcheinander, ich gestehe das sehr gerne, ein Durcheinander von vielen Dingen. Das alles sind Illustrationen der Reversibilität. In der Umkehrung, im Verschwinden, im tödlichen Prozeß steckt eine Energie, die aus der Reversibilität der Dinge selber stammt und nicht aus ihrem Tode, verstanden als Ende eines Prozesses. Das Ende interessiert mich nicht. Wir können darüber genauso wenig Klarheit gewinnen wie über die Ursprünge. Graffiti z.B. sind ein Modus des Verschwindenlassens

von Zeichen, der Auflösung von Zeichen. Das wird hier als Tod bezeichnet. Ich meine etwa auch gerade nicht den biologischen Tod des Terroristen oder des Opfers, sondern ich sehe in diesem Akt den reversiblen Tod des einen und des anderen. Das ist wirklich ganz imaginär, humanistisch gesehen, ist das ganz unerträglich, aber ich versuche doch zu denken, daß in einem bestimmten Augenblick Terrorist und Opfer eins und dasselbe sind, in einem Prozeß der Reversibilität, der Austauschbarkeit, den wir ganz konkret in den primitiven Gesellschaften finden. Aber ich nehme das nicht als Referenz. Es ist die Rede vom Tod als Herausforderung, als Kurzschluß, als Verschwinden, von einer Kunst des Verschwindens, einer Kunst des Umkehrens und des Umstürzens usw., es geht niemals um den persönlichen Augenblick des Endes.

Hartmut Schröter: Wir haben jetzt ja so diskutiert, daß wir von unseren, vielleicht von dem Ihrigen (Jean Baudrillard) unterschiedenen, Standpunkten her versucht haben, uns dem Buch zu nähern. Ich würde da gerne noch eine Nuance in eine ganz andere Richtung formulieren, nämlich an Nietzsche anknüpfen. Ich denke, daß Sie die Konsequenzen dessen ziehen, was Nietzsche gesagt hat: Wir haben die Welt interpretiert, immer schon in der Geschichte, haben aber nicht gewußt, daß das Interpretationen sind, sondern haben geglaubt, die Wahrheit sei göttlich garantiert usw.; und jetzt am Ende des Prozesses merken wir, daß das alles Interpretationen waren, und in diesem Moment sind wir völlig verfangen in der Interpretation, wir können nicht mehr sagen, daß es eine Referenz auf Wahrheit oder sonst etwas gibt. Das ist mir jetzt so klar geworden, daß Sie da die letzten Konsequenzen ziehen wollen. Ich würde da ganz anders vorgehen. Ich meine, daß gegen Nietzsche oder vielleicht auch gegen Sie in dieser Situation die Frage wieder neu entstehen kann, ob nicht der Maßstab der Referenz ein falscher war, ob es nicht falsch war, zu glauben, es gebe eine objektive Ordnung , auf die man referenziell sein könnte. Gibt es nicht in dieser Situation die Chance, anders zu fragen? Was wir Sprache nennen, was Hölderlin das Poetische nennt, die Dichtung nennt, bildet das nicht überhaupt keine Objektivität ab? Auf dieses Poetische setzt Hölderlin die Hoffnung, daß es der Wirklichkeit in gewissem Sinne entspricht. Die Wirklichkeit ist

selber etwas Transitorisch-Geschichtliches, sodaß Hölderlin
sagen kann, das Poetische oder die Dichtung sei das wieder
mächtige Auftreten der Natur, einer Natur, die gar nicht mehr
als Objektbereich gedacht wird. Ich möchte darauf hinaus, daß
das Poetische, das aus der Perspektive einer objektivistischen
Denkweise sozusagen Erfindung oder Interpretation ist, in einer
ganz anderen Tradition gerade als ein Aufweisen, ein Aufscheinen
von Welt behauptet wird. Und Welt, das sind nicht Objekte, nicht
Dinge, nicht Realitäten, sondern der Horizont, in dem Realitäten
oder die Dinge erscheinen können und je geschichtlich verschieden erscheinen. Das Problem, an dem sich unsere Diskussion festrennt, ist, daß wir Welt bloß als subjektive Interpretation beschreiben können und diese Interpretation dann willkürlich ist.
Während ich solch einen Dichter wie Hölderlin, denke ich, für
etwas anderes in Anspruch nehmen könnte: Der Horizont, das Eröffnende daran, die Interpretation hätte dann eine Beziehung
zur Wahrheit, jedenfalls bestünde die Möglichkeit, in ihr etwas,
Welt, zur Erscheinung zu bringen. Nur dürfen wir nicht dem Irrtum verfallen, daß wir dann jenseits der Interpretation seien.
Oder anders gesagt, von der Sprache her gedacht: die Sprache
ist gar nicht Interpretation, sondern die je geschichtliche
Weise, Welt zum Erscheinen zu bringen. Ein griechisches Standbild beispielsweise bildet die Welt nicht ab, sondern macht etwas völlig anderes. Ein griechischer Tempel, meinetwegen der
Säulengang, hat keine abbildende Funktion. Trotzdem ist der Ort,
wo er steht, nicht beliebig. Der griechische Tempel wird gebaut
um das Beziehungsfeld Licht-Himmel-Erde. Das ist das Dionysische, sozusagen der Untergrund dieses Beziehungsfeldes und völlig künstlich. Aber was entsteht, ist das, was ich Welt nennen
würde: die Beziehung der sonst auseinanderliegenden Elemente.
Das hat aber etwas damit zu tun, daß die Tempelbauer ganz genau
auf den Ort eingehen, an dem sie ihn errichten.

<u>Jean Baudrillard:</u> Ich stimme mit dieser Perspektive völlig überein. Ein Buch hat den Anspruch, die Wahrheit erscheinen zu lassen. Aber genau deswegen müssen wir durch das Paradox der Interpretion hindurch. Und es fragt sich: Ist diese Interpretion Simulakrum oder nicht? Wir müssen uns den Weg durch die Simulakren
bahnen, und wir können das nur, indem wir die Seite der Künst-

lichkeit wählen. Ich meine, die Natur, die Utopie der Natur können Sie zwar als Grund der Erfahrung ansetzen, aber wir müssen mit künstlichen Hypothesen spielen, um über das Dilemma von Subjekt und Objekt hinauszugelangen. Diese Hypothesen müssen wir künstlich auf die äußerste Spitze treiben, bis in der äußersten Künstlichkeit dann der positive Inhalt der Hypothesen aufgelöst wird und verschwindet. Die Analytik oder die Theorie ist hier einfach die Kunst des Verschwindens. Die Hypothesen müssen ganz und gar durchgespielt werden, bis es sich am Ende vielleicht enthüllt, daß sie bloß Hypothesen sind, daß sie zu nichts führen. Das ist einer der größten Einwände gegen solche Bücher, daß sie zu nichts führen. Ja, das ist wahr. Aber vielleicht ist es inzwischen ja doch gelungen, so etwas wie Wahrheit erscheinen, nur erscheinen, nicht dasein und dastehen, erscheinen und wieder verschwinden zu lassen.

Marlis Gerhardt: Ich habe eine Grundschwierigkeit mit Ihrer (Jean Baudrillard) Argumentation. Ich verstehe schon, wie Sie jetzt argumentieren, daß Sie sich diesen Wahrheits- und Sinnansprüchen in der Diskussion jetzt immer wieder entziehen. Ich kann das auch gut begreifen. Andererseits sehe ich in Ihrer Sprache in dem Buch in jedem Satz und in jedem Kapitel einen absoluten Wahrheitsanspruch, der nicht weiter verifiziert wird, sondern ich muß das glauben, das sind Glaubenssätze. Sie entziehen sich jetzt wieder, das ist mir schon klar, daß Sie das machen, aber der Widerspruch bleibt ja trotzdem da. An sich müßten Sie darauf verzichten, solche Sätze, solche Bücher zu schreiben. Das wäre eigentlich die Ironie, das Verschwinden der Sätze.

Jean Baudrillard: Ja, das versteht sich von selbst. Aber das ist zu logisch. Aber natürlich wäre nichts dagegen zu sagen, sich als reines Objekt zurückzuziehen. Aber wir müssen von dieser Objektivität doch auch als von einem Bau des Subjekts sprechen. Ich meine, das sind dann zweierlei Sprecharten. Ich meine, das Buch ist terroristisch. Ich bin auf dem Wege des theoretischen Terrorismus. Ich sehe keine andere Lösung. Aber in diesem Exzeß des Terrorismus kann vielleicht mit durchscheinen, vielleicht auch nicht, daß das zuviel ist, um wahr zu sein.

Gerd Kimmerle: Ich darf vielleicht genau an diesem Punkt weitermachen. Mir ist aufgefallen, daß die häufigste Redewendung, die Jean Baudrillard heute verwendet hat, ist: wir müssen. Ich möchte gerne den Eindruck formulieren, den ich von Ihrer (Jean Baudrillard) Art zu diskutieren habe. Ich habe den Eindruck, es gibt da einen gewissen Bruch oder zwei Ebenen. Auf der einen Ebene werden Aussagen beliebig präsentiert und beliebig zurückgenommen. Und je nachdem was eingewendet wird, wird dann halt eine andere Aussage präsentiert, d.h. die Aussagen bekommen den Charakter von Spielmarken. Das ist aber nur die eine Ebene. Und ich habe den Eindruck, daß die als eine Art Schutzhülle dient, um den ganz dogmatischen Kern einzelner Aussagen bewahren zu können. Im Inhaltlichen stecken da ganz handfeste Wahrheiten. Das Spiel des des Sich-zurück-Ziehens und des Sich-Entziehens dient dazu, sich von denen nicht abbringen zu lassen. Man wird immer belehrt, was das System tut. Man wird belehrt, was "wir" müssen, wir müssen z.B. Hypothesen bilden. Immer kommen Positiv- und Negativwertungen ins Spiel. Nur ein Beispiel dafür: Inzest und Inzestverbot. In dem Buch wird einem einfach erzählt, der Inzest sei repressiv und das Inzestverbot befreiend. Nun, warum? Man fragt sich bei allem, was da steht: warum? Oder weiter, im Zusammenhang mit Inzest/Inzestverbot wird die "symbolische Ordnung", das Wort kommt übrigens im Text doch vor, mit dem Frauentausch verbunden, und es wird in keiner Weise die Frage gestellt, ob in dieser symbolischen Ordnung nicht Herrschaftsstrukturen verborgen sind. Ich habe den Eindruck, daß einfach eine ganze Reihe, ein harter Kern von Grundbehauptungen geschützt, verdeckt wird durch die Strategie, alle Sätze als gleichgültig zu behaupten. Aber diese Gleichgültigkeit ist nur die Fassade, die aufrechterhalten wird, um einen in Verwirrung zu bringen und nicht wirklich in die Diskussion einzutreten. Und ich muß noch dazusagen: ich habe heute den ganzen Morgen über eigentlich nicht den Eindruck, daß hier eine Diskussion stattfindet.

Dietmar Kamper: Also dann sind Sie (Gerd Kimmerle) aber wirklich verführt worden hier.

Jean Baudrillard: Ist dieser Eindruck melancholisch?

Gerd Kimmerle: Ihr versteckter Dogmatismus macht mich melancholisch.

Heidrun Hesse: Ich möchte auf ein anderes Problem zurückkommen. Herr Bergfleth hat vorhin ja darauf hingewiesen, daß er Metaphysik anders definiere als ich. Du (Gerd Bergfleth) hast mich da ja auch direkt angesprochen. Ich glaube wirklich, daß Baudrillard und Bergfleth uns nur zwei konkurrierende Metaphysiken bieten. Nehmen wir einmal Nietzsche als Ausgangspunkt. Nietzsche also definiert Metaphysik als die wahre Welt, die einer scheinbaren entgegengesetzt wird. Diese wahre Welt kann die Welt der Gesetze sein. Das können dann entweder Naturgesetze sein, die die neuzeitlichen Erfahrungswissenschaften feststellen, oder die Gesetze der Dualität, der Reversibilität, die Baudrillard überall findet und in denen alle anderen Phänomene einfach verschwinden. Die Gesetzmäßigkeit, die da behauptet wird, ist, daß sich alles umkehre. Diese Gesetzmäßigkeit ist in gewisser Weise schon im symbolischen Tausch auffindbar und sie bestimmt auch das ironische Spiel, an dem Herr Baudrillard jetzt noch festhalten möchte. Sie (Jean Baudrillard) sprechen ja sogar noch von der "Enthüllung verborgener Verhältnisse". Im Grunde genommen ist diese duale Reversibilität das Spiel, in dem sich diese Gesetzmäßigkeiten ständig selbst enthüllen und auch wieder verhüllen, aber diese Ebene der Gesetzmäßigkeit ist halt noch da. Und ich glaube, solch eine wahre Welt ist bei dir (Gerd Bergfleth) auch noch da, und zwar einfach als diejenige des Untergangs der Wahrheit und der Sehnsucht nach Wahrheit, die man vielleicht nicht finden kann, schon gar nicht im Gegebenen, von woher aber das, was andere Leute vielleicht für die Wirklichkeit halten könnten, in der sie leben und auf die sie sich auch einlassen wollen, als etwas erscheint, wo man raus muß. Und bei Adorno sieht das eigentlich ganz ähnlich aus wie bei dir, auch wenn das im einzelnen anders gelöst ist. Ich frage mich, ob der Nietzsche nicht recht hat, wenn er sagt, daß man nach dem Untergang der Metaphysik, also nach dem Untergang der wahren Welt - die abendländische Geschichte mal als Geschichte der mißlingenden Suche nach der Wahrheit genommen -, daß man dann auch über diesen Gegensatz zwischen wahrer und scheinbarer Welt wirklich hinauskommen muß. Und das ist nicht geleistet, solange man an einer Welt des Scheins festhält oder von Simulation redet.

Gerd Bergfleth: Ich möchte darauf antworten, daß Herrn Baudrillards Metaphysik mir zu ontologisch ist. Denn entgegen Ihren (Jean Baudrillard) terroristischen und ironischen Intentionen bestimmen Sie eben z.B. noch die Welt der Simulation oder die Welt der Realität als System. Und ich würde auch zustimmen, daß Sie insofern auf verborgene Weise dogmatische Aussagen machen. In meiner Auffassung von Metaphysik sehe ich dagegen keine Gesetzmäßigkeiten. Daß der Untergang der Metaphysik, also der Untergang der Wahrheit, die Frage überhaupt ist, die man nicht ernst genug nehmen kann, daran halte ich fest. Ich laß einmal offen, ob das zu einer neuen Form von Wahrheit führen kann. Ich jedenfalls würde meinen, daß es dahin führen muß. Wenn wir noch irgendeinen Sinn am Weiterleben oder besser: am Leben und Sterben finden wollen, muß der Untergang der Wahrheit zum Aufgang einer neuen wahren Welt führen, die natürlich nicht bloß postuliert werden kann, sondern die erscheinen können muß.

Dietmar Kamper: Aber wollen wir denn? Sie (Gerd Bergfleth) haben diesen Konditionalsatz formuliert: wenn wir wollen, dann müssen wir. Aber wollen wir denn?

Gerd Bergfleth: Ja, Sie (Dietmar Kamper) wollen, daß Ihre Mitphilosophen oder Mittheoretiker das nicht wollen, sondern sozusagen fliegen auf die Pariser Frivolität, die ihnen ermöglicht, diese Frage nicht mehr zu stellen.

Dietmar Kamper: Nein, ich weiß nicht, was ich will. Ich stelle diese Frage sehr ernst und ganz unter dem Anspruch, den Sie (Gerd Bergfleth) da formuliert haben. Ich weiß es nicht. Ich weiß nicht, ob ich will oder nicht will. Ich frage danach. Sie aber haben unterstellt, daß jeder wollen muß.

Gerd Bergfleth: Wenn ich "jeder" gesagt haben sollte, möchte ich das zurücknehmen. Ich würde sagen, derjenige, der sich diese Frage nicht stellt, der ist objektiv uninteressant, der ist für die Weiterentwicklung der Welt uninteressant. Ich meine, davon gibt es Milliarden, und einige wenige werden die Welt retten, hat der Gide einmal gesagt, und ich glaube, darauf kommt es an, daß einige wenige sich noch diese Frage stellen.

<u>Ulrich Sonnemann:</u> Ja, lieber noch das Nichts wollen als nicht wollen. Die Frage beantwortet sich doch auch gleich. Ich konnte sehr viel anfangen mit dem, was Sie (Gerd Bergfleth) gerade vorher gesagt haben. Die Frage nach dem Nichtwollen geht ja auf Nietzsches Auseinandersetzung mit Schopenhauer zurück. Und Nietzsche zeigt ja, daß es völlig unmöglich ist, nicht zu wollen. Diese Analyse haut ja hin. Warum sollen wir dann immer wieder bei A anfangen. Ich meine, das sind ja eigentlich gesicherte Dinge. Und solange wir reden, wollen wir ja etwas. Wozu sitzen wir hier überhaupt sonst zusammen. Und die metaphysische Frage können wir ebensowenig vermeiden wie das Wollen, auch wenn die positiven Metaphysiken gescheitert sind. Da ergibt sich dann ganz einfach das Postulat einer negativen Metaphysik, und ich würde völlig mit Ihnen (Gerd Bergfleth) übereinstimmen, daß das nur eine nicht-ontologische sein kann. Es fragt sich dann allerdings immer noch, ob wir in der Vorausbestimmung dieser Begriffe einer solchen nicht-ontologischen Metaphysik übereinstimmen. Das würde uns aber im Moment vielleicht zu weit führen.

<u>Gerd Bergfleth:</u> Erstaunliche Übereinstimmung. Zum ersten Mal.

<u>Heidrun Hesse:</u> Das habe ich schon lange geahnt.

<u>Hartmut Schröter:</u> Also ich kann mich nicht befreunden mit der fröhlichen Beliebigkeit, von der hier immer wieder die Rede ist. Ich kann mich nicht deswegen nicht damit befreunden, weil ich nicht das nicht als Problem kennte, daß das dauernde reflexive Distanznehmen, also auch die Ironie, unser Lebenselement geworden ist. Als Beschreibung der Verhältnisse halte ich das für richtig. Nur, ich denke, es sind genügend andere Dinge erarbeitet worden. Du (Gerd Kimmerle) nanntest Joyce, meinetwegen, an dem könnte man das entwickeln. Ich würde sagen, das ganze Problem, an dem wir uns hier abarbeiten, steht am Anfang der modernen Malerei, bei Cézanne. Da sind Sachen gemacht wurden, die diesem beliebigen Spiel der Simulakren entgehen, be-

haupte ich jetzt mal. Cézanne ist nämlich dauernd vor den Mont St. Victoire gelaufen, Picasso hat das ja lächerlich zu machen versucht, also da arbeitet der sich ein ganzes Leben lang an etwas ab, was er nicht einfach in der Phantasie erzeugen kann, sondern er geht immer vor diesen Berg, hat also in irgendeiner Weise einen Naturbezug, der für die Malerei unumgänglich ist. Und zugleich sagt alle Kunstgeschichte, mit Cézanne beginne die reine Malerei. D.h. das ist kein Realismus im alten Sinne mehr, wo es ums Abbilden geht, sondern es wird nur auf die Farbe, die Fläche, die Charakteristika des Bildes eingegangen. In diesem Widerspruch, daß Cézanne immer vor ein Objekt läuft, um es zu malen, d.h. zu interpretieren, würde ich eine Analogie zur Sprache sehen. Da wird ein Zusammenhang gebildet, nicht genau abgebildet, das zeigen Photos. Cézanne macht mit dem Bildzusammenhang ernst. Meiner Ansicht nach geht es ihm darum, genau als Realität zu bestimmen, weder das Objekt, noch das Subjekt, sondern den Raum dazwischen. Es gibt ein Draußen und eine subjektive Immanenz. Und aus der gelangt amn heraus, wenn man in solch ein Wechselverhältnis kommt. Nach Hölderlin ist die Sprache fähig, dieses Wechselverhältnis so zu sprechen, daß man zugleich das Gefühl hat: Mensch, der redet vom St. Victoire und nicht von etwas völlig Beliebigem. Nicht ein Objekt bildet hier die Realität, sondern - was ich Welt nennen würde - das, was beide in ein Zusammenspiel bringt. Cézanne hat erkannt, daß die Provence gar nicht das Abphotografierbare ist. Diese Wirklichkeit ist nur durch den Menschen und zwar in der Weise durch den Menschen, daß es zugleich um die Berge, die Bäume usw. geht. Das würde ich als ursprüngliche Poiesis beschreiben, die man nicht nach der einen oder anderen Seite hin auflösen sollte. Deswegen war ich auch am symbolischen Tausch so interessiert, weil Sie (Jean Baudrillard) da diese Figur beschreiben: da gibt es kein abgetrenntes Objekt und auch kein abgetrenntes Subjekt, sondern man muß sich im Austausch aufhalten.

<u>Jean Baudrillard</u>: Das scheint mir vortrefflich. Ich meine, auf der Ebene des symbolischen Tausches. Sie treffen das völlig, ich würde das heute zwar etwas korrigieren, aber ich finde das ganz klar, daß hier in diesem Buch keine beliebige Willkür herrscht. Ich bin doch gar nicht so frivol. Ich würde eher denken, daß in dem Buch zu moralisch gedacht wird. Darum sage ich,

daß ich das heute nicht mehr schreiben würde. Ich meine, vor allem in den anderen Büchern gibt es zwei Arten des Diskurses. Der eine geht den analytischen Weg. Da gibt es ein analytisches Subjekt, das die Dinge auseinandergliedert und die Wahrheit sagt. In diesem Sinne ist der Diskurs dogmatisch, terroristisch. Aber andererseits ist das auch Ihr Spiel, und Ihre Spielregel kenne ich nicht. Also, Sie haben sich mit meiner Dogmatik, meinem Terrorismus abzufinden. Ich kann nichts dafür. Das ist die eine Seite. Ich trete als analytisches Subjekt auf und befinde mich dann auf dem Feld der Polemik , dem Feld der Unwahrheit und vielleicht auch dem Feld des Cartesianismus und der Cartesianischen Willkür. Es ist paradox. Wir sind ja jetzt in der Situation, daß die einen sagen, ich sagte ganz beliebig so allerlei, und die anderen, mein Vorgehen sei zu dogmatisch und cartesianisch. Das ist wahr. Beides ist wahr. Aber das ist doch nur die eine Seite. Es gibt auch das Feld, in den anderen Büchern deutlicher als in diesem, wo das theoretische Subjekt zurückweicht, wo es wirklich gelingt, darüberhinauszugelangen und in das Feld des Objekts einzutreten und das Objekt selber sprechen zu lassen. Das ist keine Dichtung, ich habe dieses Wort nicht gern, das ist keine Literatur und das ist natürlich auch keine Soziologie. Aber wenn es gelingt, das Objekt sprechen zu lassen in einem ganz anderem Diskurs als dem des analytischen Subjekts, dann ist es gelungen, dann spricht das Objekt in anderen Termen. Ich weiß nicht, ob das noch ein symbolischer Tausch ist. Ich meine, der Term "symbolischer Tausch" ist noch viel zu idealistisch. Dieses Feld, wo das analytische Subjekt ganz aufgelöst ist, erreichen wir nur selten. Deswegen ist so ein Buch so schwer und zu groß und so dick. Wir können uns nicht immer auf der Ebene der radikalen und ironischen Objektivität bewegen. Wir müssen durch die Analytik hindurch, wir müssen durch die Dogmatik hindurch.

<u>Gerd Bergfleth</u>: Direkt dazu. Wenn das Subjekt zu einer reinen Leerstelle geworden ist und Sie (Jean Baudrillard) eine Bewegung vollziehen vom Subjekt zum Objekt, zum reinen Objekt, dann stellt sich doch vom Objekt her gerade wieder die Frage nach dem Subjekt. Also das Subjekt ist zu einer Leerstelle geworden, speziell das analytische, vernunftgeprägte, diskursive Subjekt, und es taucht gleichzeitig wieder auf als Rätsel. Es taucht

nicht wieder auf als das alte analysierende Subjekt, sondern als große Frage.

<u>Jean Baudrillard:</u> Aber Sie (Gerd Bergfleth) verwirren die Sache ja noch schlimmer als ich. Nein. Sie machen eine ganz andere Wendung. Aber das können Sie ja auch, das müssen Sie ja auch.

TOD UND REVOLTE

(Dritte Diskussionsrunde)

Gert Mattenklott: Die Schwierigkeit liegt, finde ich, darin, daß wir die Theorie eines Autors diskutieren sollen, der gerade erklärt, daß es gar nicht mehr seine Theorie ist. Wir können da eigentlich nur zurückfragen, z.B. wie der Autor eigentlich der Ansicht sein konnte, der Opfertod sei in der Lage, dieser Absorptionsfähigkeit des Systems Paroli zu bieten oder die Balance zu halten. Vielleicht geben Sie (Jean Baudrillard) uns einfach dadurch Gelegenheit, wieder in das Thema hineinzukommen, indem Sie zusammenfassen, aufgrund welcher Indizien Sie zu dieser Ansicht hatten gelangen können, daß der Opfertod, daß Gabe und Gegengabe zu einer solchen Balance gelangen könnten, und aufgrund welcher Indizien Sie heute glauben, davon abrücken zu müssen.

Jean Baudrillard: Das kann ich mir nicht mehr vorstellen, nein, das ist zu schwer. Übrigens weiß ich nicht, ob es eine Balance ist.

Gert Mattenklott: Das hatten Sie damals gesagt.

Jean Baudrillard: Das deutsche Wort "Opfertod" klingt für mich viel religiöser als die französische Wendung. Mit "Opfer" meinte ich eher so etwas wie das "Theater der Grausamkeit" bei Artaud. Ich kann Ihnen das heute nicht mehr zusammenfassen. Das ist vielleicht nur eine intellektuelle Forderung, daß ein solches System, das sich in einer solchen Sophistik der Simulation zu organisieren weiß, einen gleichwertigen Gegenpol haben muß. Das ist keine logische Notwendigkeit, sondern eine existenzielle, obsessionale Forderung, daß das System durch einen feindlichen Gegenpol ausgeglichen wird. Und dafür kommt nichts besser in Frage als der Tod. Aber noch einmal: ich meine nicht den Tod als biologisches Ereignis, als individuelles Ereignis, sondern gleichsam als Katastrophe, als Reversion, als Umstürzung, als Kurve, als Rückwendung, kurz: nicht als Endereignis eines Prozesses, sondern als zyklische Form.

Gerd Kimmerle: Es sind zwei Dinge, die mich bei dem Zusammenhang von Tod und Revolte interessieren. Zum ersten ist es der Zusammenhang von Opfertod und Systemzerstörung. Da tritt doch offenbar eine Spaltung ein: nämlich es ist vom Tod die Rede, der systemimmanent ist, und vom Tod, der über das System hinausführt. Der gegenwärtige, in das System integrierte Tod, wird konfrontiert mit einer anderen Art des Todes, auf den angeblich das System nicht antworten kann. Daraus ergibt sich die zweite Frage, die mich interessiert. Hier wird ja noch so etwas wie die Logik absoluter Grenzüberschreitung angesetzt. Das hängt mit dem Theorem zusammen, das besagt, dem System könne eine Antwort abverlangt werden, auf die es nicht reagieren könne, ohne sich selbst zu zerstören. Mir scheint, daß hier das System mit Handlungskategorien identifiziert wird, die aus einem alten Subjektbegriff herkommen. Denn was heißt "das System antwortet" oder "das System kann nicht antworten"? Mir ist z.B. schlechterdings unverständlich, warum das System zerstört werden sollte, wenn jemand sich selber umbringt, z.B. sich selber anzündet. Vor etwas gestellt werden kann nur ein Subjekt. Aber das System verschlingt doch einen derartigen Tod spurlos. Meine Frage wäre, ob eine derartige Logik der Grenzüberschreitung, die zusammenhängt mit Tausch und Gegentausch, nicht das System in Begriffen von Subjektivität faßt und deshalb schon von vornherein zu kurz greift, weil sie meint, daß System müsse daran scheitern, daß es etwas nicht tun kann. Und zweitens: Kann man den Begriff des Todes tatsächlich derartig spalten, daß es auf der einen Seite einen systemadäquaten Tod gibt (den rationalisierten Tod und das Sterben in Hospitälern) und auf der anderen Seite den Tod, der etwas Revoltehaftes, Befreiendes hat und das System sprengt?

Hartmut Schröter: Ich denke, daß das geschichtliche Recht, den Tod ins Spiel zu bringen, darin liegt, daß das sogenannte Bestehende von der Akkumulation beherrscht ist. Der Tod kann als Gegenbegriff zum dauernden Akkumulieren verstanden werden. Inwiefern unsere Wirklichkeit von der Akkumulation bestimmt wird, das müßte man im einzelnen zeigen. In der Ökonomie ist das ja klar. Es gilt aber beispielsweise genauso für den Kantischen Organismusbegriff, der immer nur daraufhin ausgelegt wird, daß eine Pflanze etwa sich regenerieren kann. Auch alle Formen der kybernetischen Definition des Lebens gehen ja von solch einem Erhaltunsgmaßstab aus. Dieser Begriff der Akkumulation beinhaltet, daß nichts je wirklich ein Ende findet, nichts verschwindet, oder daß sein Schwinden selber wieder produktiv ist, das Untergehen, wie im Hegelschen Sinne, selber wieder produktiv ist. An diesem Maßstab kleben wir. Insofern finde ich es ganz treffend, den Begriff des Todes einzuführen, um diese Wirklichkeitskonstitution anzugreifen. Der Tod als das, was nicht mehr akkumulierend ist. Das Verschwinden nicht mehr als das, woraus dann doch noch ein Höheres sich erzeugt. An diese zeitdiagnostische Potenz des Todesgedankens würde ich gern anschließen. Ich finde da allerdings auch den Widerspruch des Buches am extremsten. Ich finde nämlich, daß dort dasjenige, was ich für absolut unkalkulierbar halte, was nicht ins Kalkül eingebracht werden darf - da bin ich jetzt so heilig wie der Gerd (Bergfleth) - strategisch plaziert wird. Tod als Metapher heißt sozusagen: genau den Punkt finden, wo das System nicht mehr integrationsfähig ist. Da empfinde ich einen Widerspruch zwischen dem Phänomen Sterben und Verschwinden und dem, wie es hier kalkülhaft eingebracht wird.

Gerd Kimmerle: Mir scheint es genau das Problem zu sein, daß man den Tod nicht auf die eine Seite stellen kann. Was Du (Hartmut Schröter) gesagt hast, heißt ja genau, daß das Leben als Überleben definiert wird, als Selbsterhaltung, als Permanenz der Selbsterhaltung. Und das heißt nichts anderes als das Leben permanent unter ein Todesprinzip zu stellen. Das ist die eine Seite; und die andere ist, daß hier offensichtlich das ganze Leben von der Todesfurcht her bestimmt wird. Es wird sozusagen eine Sicherheitsordnung und ein Sicherheitsgehäuse entworfen, um den Tod abzuhalten. Und genau indem der Tod dauernd abgehalten werden soll, wird er zum Maßstab aller Dinge. Deshalb habe ich vorhin von der Spaltung des Todes geredet. Wenn die ganze Redeweise vom Opfertod und von Systemsprengung oder Systemzerstörung einen Sinn hat, muß es aber offensichtlich noch einen anderen Aspekt geben, der mit der Zusammenfügung von Tod und Überleben ausgeblendet oder verdrängt wird. Mich würde interessieren, welches diese andere Seite ist, die hier wegrationalisiert wird.

Gerd Bergfleth: Sterben-Können habe ich ja gesagt.

Gerd Kimmerle: Das kann jeder.

Gerd Bergfleth: Das heißt also, daß ich absolute Souveränität erlange durch den Akt meiner eigenen Unmöglichkeit.

Gerd Kimmerle: Also dann willst Du doch Tod und Sterben mit aufnehmen.

Horst Folkers: Sterben-Können in Differenz zu Sterben-Müssen. Und dann gibt es noch eine doppelte Form dieser Differenz. Das Sterben-Können als historische Form, also Montesquieu: Zwei Dinge habe ich in meinem Leben gelernt, zu leiden und savoir mourir. Nicht, die historische Form: savoir mourir, welche ja vielleicht auch allen Zwängen des Systems entkommt, vielleicht. Und die zweite Form, auf die es dir (Gerd Bergfleth) dann angekommen ist in deinem Essay. Das kann man jetzt mit dem, was angefragt ist, verbinden. Wenn die Integrationskraft des Systems so groß ist - und es scheint ja so, daß Ihrer (Jean Baudrillard) neueren Position zufolge seine Integrationskraft noch zugenommen hat -, dann ist doch genau die Frage, ob ein solches Phänomen wie der Tod dann auch noch strategisch plaziert werden muß. Oder ob das, was Sie als System beschreiben, einen Zusammenhang bildet, der in der Tat eine Gleichgültigkeit, eine Indifferenz gewinnt, dergegenüber schon das simple Faktum des Lebens eine ungeheure Differenz ist, erst recht: der Tod. Wenn das so wäre, dann könnten wir sozusagen gerade wieder anfangen zu leben. Also, schlägt das nicht wieder um? Müßte man nicht auf diese Kategorie kommen? Und könnten wir das nicht überprüfen, indem wir genauer sagen, was der Tod sein soll.

Hartmut Schröter: Ich hab vorhin noch was vergessen. Zu Deinem (Gerd Kimmerle) Argument, wieso das System am Opfertod zugrunde gehen sollte. Das wäre auch meine Frage. Aber ich habe da noch einen Vorgedanken. Es kommt nämlich erst mal darauf an, ob es ein Ereignis gibt, das seiner Qualität nach so andersartig ist, daß dieses System es nicht verwursten kann. Natürlich wird das faktisch so geschehen; aber diese Vorfrage ist doch angebracht. Und so versteh ich auch Gerd (Bergfleth). Er will ja nicht sagen, daß diese paar Verbrennungstode in Deutschland die Bundesrepublik zum Einsturz bringen, sondern daß das ein Ereignis ist, was seiner Struktur nach nicht in das Herrschende integrierbar ist, weil es nämlich keine Begründung hat. Es ist keine sich rechtfertigende Tat, da ist so ein Abgrund. Dieser Zwischengedanke scheint mir schon wichtig zu sein. Und ich würde da auch noch fragen: Was heißt eigentlich dieser "Zusammensturz des Systems"? Heute früh hatte ich den Eindruck, es heiße nicht, daß da nun unsere politische Realität sich destruiere, sondern: Wo gibt es Orte oder welche Handlung ist fähig, der Integration zu entgehen, der Qualität nach. Aber das ist vielleicht ein Mißverständnis. Da müßten Sie (Jean Baudrillard) vielleicht klären, ob Sie das von der Wirkung her verstehen, im Sinne des alten Revolutionsbegriffs, oder als ein Durchbrechen des Zusammenhangs, dessen Folgen man nicht abschätzen kann.

<u>Jean Baudrillard:</u> Ich traue mich jetzt gar nicht mehr, von der politischen Umwälzung der Dinge zu reden. Denn ich bin ganz auf die andere Seite der objektiven Ironie übergetreten. Und von diesem Standpunkt sehen die Dinge ganz anders aus. Ich weiß nicht, wie möglicherweise das System umgestürzt werden könnte. Ich meine, daß alles schon passiert ist. Die Zukunft ist schon angekommen, alles ist schon angekommen, alles ist schon da. Es lohnt sich nicht, zu träumen oder irgendeine Utopie der Umwälzung oder der Revolution zu nähren. Es ist schon alles umgewälzt. Ich meine, alles hat schon seinen Ort verloren. Alles hat Sinn und Ordnung verloren. Es ist keine Übertreibung, wenn wir sagen, alles sei schon eingetreten. Die politische Ordnung beruht, glaube ich, auf zwei einander ganz entgegengesetzten Strategien. Einerseits heißt es, alles sei schon da. Der französische Sozialismus z.B. sagt: Alles ist angekommen, wir sind da, wir leben in der perfekten sozialen Welt, virtuell sind wir alle schon gerettet. Wir sind die realisierte Utopie. Jede politische Ordnung behauptet das. Und zugleich behauptet sie: Es hat noch gar nichts angefangen, alles ist noch zu tun, wir müssen alle ans Werk gehen. Das sind die zwei Seiten der Strategie der politischen Ordnung. Die politische Ordnung nimmt ein Ende, geht vorüber, wenn diese mentale Erpressung nicht mehr

103

wirkt, sobald die Leute weder daran glauben, daß die Utopie bereits realisiert sei, noch auf die zukünftige Realisierung der Utopie hoffen. Ich glaube, wir sind heute in der Situation, daß die Masse der Leute nicht mehr auf diese Erpressung eingeht. Sie akzeptiert weder das eine, noch das andere. Sie befindet sich aber nicht in melancholischer Gleichgültigkeit, sondern in einer radikalen Indifferenz gegen diese Proposition der politischen Ordnung. Es gibt zwar noch eine politische Macht und funktionierende politische Institutionen, aber wir können sagen, daß keine politische Ordnung im strengen Sinne mehr existiert. Die Dinge laufen noch, aber wir wissen, daß sie ins Leere laufen. Es wird keine theatralische Umstürzung mehr geben. Der Traum ist ausgeträumt. Die Anti-Utopie des Apolitischen, der radikalen Indifferenz ist da. Dieser Umsturz ist ganz schweigsam vor sich gegangen. Ich meine, wir haben weder die Realisierung einer revolutionären Utopie zu erwarten, noch andererseits ein explosives Atomereignis. Die zersprengende Kraft ist schon in die Dinge eingetreten. Es ist nichts mehr zu erwarten. Das wirkliche nukleare Ereignis wird nicht stattfinden, weil es schon stattgefunden hat. Es ist osmotisch in die Realität eingetreten. Wir sind schon nuklearisiert, atomisiert. Alles ist schon deterritorialisiert. Es gibt schon von vornherein kein Territorium mehr, sondern nur noch eine Simulation desselben. Die wirklichen Ereignisse, die man erträumte, erwartete, die sind ganz stillschweigend eingetreten und wir sind schon darüberhinaus. Das Schlimmste, das erträumte Endereignis, worauf die Utopie baute, die metaphysische Anstrengung der Geschichte usw., der Endpunkt liegt schon hinter uns. Wir befinden uns in der "Hypertelie". Das heißt, wir sind längst über den Endzweck hinausgeschossen. Und das ist die wahre Revolution. Also ich weiß nicht, ob das eine Revolution ist, und ich weiß nicht, ob es wahr ist, aber das ist das Faktum.

<u>Gerd Bergfleth</u>: Ich kann anknüpfen an diesen Gedanken einer "Hypertelie", insofern der Tod kein Argument ist. Er fällt offensichtlich aus jeder Ordnung der Zwecke und also auch aus einer Ordnung der Überzwecke oder dergleichen heraus. Der Tod ist kein Argument, ist also nicht kalkulierbar, er ist auch nicht rationalisierbar, er ist mit sämtlichen herkömmlichen

Mitteln nicht zu erfassen. Der Tod ist ein Ereignis, dessen Unbegreiflichkeit man zunächst einmal annehmen muß. Und während Sie (Jean Baudrillard) sagen, Sie wüßten nicht, ob das System zugrunde geht oder nicht, würde ich sagen, daß das zunächst auch nicht die Frage ist. Das wäre vielleicht schon eine Rationalisierung des Untergangs, des Todes. Ich würde dagegen probieren zu sagen, daß das System in mir zugrunde geht, wenn ich mich einlasse auf dieses Ereignis. Ich probier's mal mit dem Wort "Ereignis", vielleicht kommt man damit weiter, Ereignis als Name für etwas, was nicht, in keiner Weise, zu bewältigen ist. Daß das System in mir zugrunde geht, würde heißen, daß ich Schritt für Schritt alles wegzudenken versuche, von dem ich begreifen kann, daß es ein Teil des Systems ist. Also das System in mir wegdenken, zerstören, bis in die Sprache hinein natürlich, das müßte dann ... Vielleicht dürfte ich nicht mehr so sprechen, wie ich jetzt eben spreche, aber wenn ich im Ereignis wäre, bräuchte ich auch nicht mehr zu sprechen. Wenn ich im Ereignis wäre, wäre ich Opfer. Ich hätte mich in irgendeiner Weise selbst geopfert und wäre sozusagen Gegenstand geworden, also ich wäre heiliggesprochen, ohne das irgendwie zu beanspruchen. Ich brauchte mich nicht anzustrengen, mich abzuquälen mit der Frage, was heilig ist und wie ich heilig werden kann, weil ich es schon geworden bin. Es wäre sozusagen die Aufgabe der Gemeinschaft, die sich ja nach meiner Theorie sozusagen um den Opfertod bildet, die entsprechenden, nicht systemgebundenen Formen zu entwickeln.

<u>Heidrun Hesse:</u> Ist dieses Ereignis, von dem du (Gerd Bergfleth) sprichst, denn eines, auf das du wartest oder das du beschleunigst oder das schon gewesen ist oder - um es auf die Art der Zeitfolge zu beziehen, von der Herr Baudrillard geredet hat - eines, daß es gewesen wäre, wenn es gewesen wäre.

<u>Gerd Bergfleth:</u> Ich kann eine Menge Augenblicke nennen.

<u>Heidrun Hesse:</u> In denen du schon heilig gewesen bist?

<u>Gerd Bergfleth:</u> Ja.

Ulrich Sonnemann: Man kann die Hoffnung anschließen, daß Gerd Bergfleth sich auch anderer Momente erinnern kann, in denen er unheilig gewesen ist, und die eventuell auch bedeutungsvoll für sein Denken waren. Also ich weiß es nicht. Mir scheint, daß sich jetzt noch einmal bestätigt hat, was bereits heute vormittag festgehalten wurde, daß Herr Baudrillard nämlich inzwischen, im Gegensatz zu dem Buch "Der symbolische Tausch und der Tod", sozusagen die kritischen Gesichtspunkte, unter denen der Prozeß der Totalisierung zum Gegenstand der Theorie gemacht werden konnte, selber einer Art Opfertod anheim gegeben hat, sodaß dann gar keine Differenz mehr bleibt zwischen diesem Prozeß, der ins Leere läuft und der Theorie des Prozesses, in der dieser Prozeß bloß noch dupliziert wird. Und mir ist völlig unbegreiflich, was daran jetzt noch Umsturz, Revolution, Revolte heißen könnte. Alles ist angeblich bereits geschehen; es handelt sich also um ein verabsolutiertes Perfektfutur, von dem ich ja schon sprach. Das kann man machen. Man kann von allem sagen: da es geschehen wird - wir wissen noch nicht, was eigentlich geschehen wird, das ist völlig wurscht, etwas wird geschehen - wird es geschehen sein, nachdem es geschehen sein wird. Das ist einfach und liegt sozusagen in der Logik der Grammatik. Nur ergibt sich dabei weder eine Theorie, die den Kriterien von Theorie genügt, nämlich daß sie differenzielle, unterscheidungsfähige Begriffe hervorbringt, noch ergibt sich das, was eigentlich mit philosophischen Herausforderungen immer verknüpft gewesen ist, nämlich so etwas wie auch nur eine Faszination, die in einem ungelösten Problem liegen kann. Das geht im Grunde alles flöten. Und jetzt hoffe ich nur inständig, daß ich etwas ganz und gar mißverstanden habe.

Dietmar Kamper: Ich bin nicht sicher, daß es sich da wirklich um ein zweites Futur handelt, sondern wie Jean Baudrillard es eben dargestellt hat, scheint es eine perfekte Gegenwart zu sein.

Ulrich Sonnemann: Eine perfekte Gegenwart?

Dietmar Kamper: Ja, eine perfekte Gegenwart. Ich versuche dem jetzt mal nachzufragen. Wir gingen bislang immer davon aus, daß die Bemühungen um eine Verbesserung dieser Welt nicht gründlich genug sind. Daß auf dem Wege, das Ziel zu erreichen, Fehler passiert sind und passieren und daß vielleicht sogar das Gegenteil von dem sich durchsetzt, was beabsichtigt war. Das hatte dann den Effekt, daß man in der nächsten Runde sagte: Wir machen das noch gründlicher, wir machen es jetzt endlich, denn es ist noch gar nicht geschehen. Da ist aber eine Voraussetzung mitgesetzt, nämlich daß eine Unzufriedenheit, eine Unerfülltheit, eine Unheiligkeit überhaupt erfahrbar ist. Durch das, was Jean Baudrillard ausgeführt hat, ist das gestrichen. Diese Voraussetzung der Strategie stimmt nicht mehr. Ja, und es wird nicht einmal begründet. Wenn das begründet würde, könnte ich mich ja einlassen auf einen Diskurs und könnte sagen, daß ich das anders sehe. Aber hier ist ja wirklich in einem vielleicht hypertelischen Vorauswurf, bezogen auf das, was ist, die Behauptung aufgestellt, es sei völlig gleichgültig, was ich wolle, was andere wollten. Es ist eigentlich schon immer passiert. Ich hatte 'ne Zeitlang mal die Idee, man müßte endlich den Igel zu Tode hetzen, statt immer zu laufen. Nicht, der Hase rennt und rennt und kommt eigentlich nicht an. Aber wie macht man das, wenn der Igel ...

Gerd Bergfleth: Der ist eben immer schon da.

Dietmar Kamper: Ja.

Heidrun Hesse: Das sind eben zwei.

Dietmar Kamper: Das sind zwei, ja. Und das ist vielleicht unsere letzte Chance: Wie können wir die unterscheiden?

Heidrun Hesse: Männlich-Weiblich.

Ein Zuhörer: Darf ich ganz kurz etwas zu der Hase-Igel-Anekdote sagen? Sie (Dietmar Kamper) spielten wahrscheinlich auf das Grimm'sche Märchen an. Ich habe z.B. auch ein paar Fabeln geschrieben, grade über diese Hase-Igel-Sache. Ich schlage da vor, daß einfach mal der Hase diese Igelin, die am anderen Ende steht, zum Gynäkologen geschickt hätte. Dann hätte er nämlich herausgefunden, daß es eben doch nicht der Igel ist. Ich schlage also vor, den Begriff des Gynäkologen hier in die Diskussion einzubringen zur Lösung des Problems.

Dietmar Kamper: Nein, vielleicht darf ich noch einmal ansetzen. Wenn das so ist, dann ist natürlich jegliche Art von Hoffnung diskriminiert, jegliche Art von Lebensentwurf, alle Erwartungen, weil in allen denen die Voraussetzung stirbt, die nicht mehr gemacht werden kann. Gleichwohl, gleichwohl würde ich zunächst nochmal daran festhalten, wenigstens als an einem Gedankensprung, jetzt in dem doppelten Sinne, daß man springt und gesprungen ist.

Gerd Bergfleth: Gesprungen wird.

Dietmar Kamper: Nein, jetzt in dem Sinne, daß man einen Sprung hat.
Vor ein paar Jahren gab's ein Buch mit dem Titel "Sind wir überhaupt noch Menschen?", und diese Frage hat mich lange Zeit verfolgt. Wie soll man das feststellen?

Michael Rutschky: Das schafft er auch nicht, der Gynäkologe.

Ulrich Sonnemann: Aber die Frage, bei der wir inzwischen sind, geht ja darüber weit hinaus. Sie lautet nämlich: Sind wir überhaupt noch da?

Dietmar Kamper: Also Hans-Dieter Bahr, wenn er hier wäre, würde jetzt sagen, es sei Zeit für ein Kolloquium über das Gelächter. Solche Fragen lassen sich nämlich wirklich nur noch auf diese Weise lösen. Ich weiß nicht, wie man sie anders auffangen kann.

Hartmut Schröter: Lachen ist keine Lösung und kein Auffangen.

Gerd Bergfleth: Das ist die "linke Ironie".

<u>Dietmar Kamper:</u> Nein, nein, nein. Nietzsche hat das schon ganz deutlich gesagt. Die Götter haben schon das Gelächter angestimmt über die Menschen. Und das ist, glaube ich, das, was wir dauernd hören.

<u>Michael Rutschky:</u> Jetzt muß nicht nur der Gynäkologe, jetzt muß auch noch der Theologe her.

<u>Gerd Bergfleth:</u> "Mit Ernst ihr Menschenkinder ..."

<u>Heidrun Hesse:</u> Oder: "Bis hierher hat uns Gott gebracht ..."

<u>Gerd Kimmerle:</u> Vielleicht sollte man auf das Problem zurückkommen, daß wir offensichtlich gewohnt sind, Revolution, Veränderung in der Zeitstruktur von 'ner zweckrationalen Selbstverwirklichung her zu denken. Und der Tod läßt sich offensichtlich nicht ganz so problemlos in ein derartiges Wirklichkeitsverständnis integrieren. Man kann zunächst mal davon ausgehen, daß ein derartiger Versuch von Selbstverwirklichung im Prozeß des Übersetzens von idealen Möglichkeiten in Wirklichkeiten oder wie immer man das versteht, im Grunde ein Spiegelverhältnis zwischen einer erinnerten Vergangenheit und einer antizipierten Zukunft herstellt. Die Zukunft bleibt da eigentlich immer ausgeschlossen. Es gibt einen Zusammenhang zwischen antizipierendem Bewußtsein, sofern es zweckrational strukturiert ist, und wesenslogischen Erinnerungen. Wenn man versucht, den Tod vom antizipierenden Bewußtsein her zu fassen, dann ergibt sich das Problem, daß der Tod hier eben kein Ereignis ist, das gegenwärtig ist. Gleichzeitig ist der Tod unvorstellbar und zwar, weil er das Ende, die Nichtexistenz aller Vorstellungen selber bezeichnet. Offensichtlich gerät das antizipierende Bewußtsein dadurch in eine Aporie, nämlich in die Aporie, daß es sich seine Nichtexistenz vorstellen muß. Und dadurch tritt eine schizoide Spaltung des Ichs ein, nämlich daß quasi ein Ich seine eigene Nichtexistenz vorausnehmen muß und gleichzeitig damit sich auch als zukünftig existent vorentwerfen. Das bedeutet, daß man sich seinen eigenen Tod nicht vorstellen kann, sondern daß das Ich sich seinen Tod immer nur als den Tod eines anderen in sich vorstellt. Das ist die eine Seite. Aber die andere Seite

ist, daß das nur für den modernen oder neuzeitlichen Todesbegriff stimmt, demzufolge der Tod das absolute Ende ist. Es stimmt also nicht für den medialen Tod, wie er von der Metaphysik inszeniert wird, einen Tod, der von der einen Lebensform in eine andere hinüberführt, wie immer das vorstellbar ist. In der Metaphysik jedenfalls wird der Tod nicht als absolutes Ende, sondern als ein Durchgang, etwas Überschreitendes gesehen. Und vorhin haben wir ja immer gehört, wir seien am Ende der Politik, am Ende der Geschichte, da ist also genau dieser Begriff des Endes aufgetaucht, der auf den neuzeitlichen Todesbegriff zu beziehen wäre. Das Unüberschreitbare heißt ja in der Geschichte der Philosophie das Absolute. Und dann ist es ja möglicherweise so, daß hier genau in der Synthese von zweckrationalem Denken und einer absoluten Begründung aller Zweckrationalität ein letzter Selbstzweck gedacht wird. Und das hieße, daß man in Gestalt der Unüberschreitbarkeit alles in einer zeitlosen Vergangenheit bewahrt. Damit ist dann genau die Struktur gegeben, daß alle Zweckrationalität in einem letzten Absoluten zu begründen ist, und die wiederholt genau die Struktur des alles in sich integrierenden Systems. Wenn Bergfleth sagt, daß er das System in sich zerstören will, könnte es sein, daß das System viel vertrackter ist. Es könnte sein, daß in allem, was du (Gerd Bergfleth) tust, dann eben doch nur das System aus dir spricht. Du wärest also heillos heilig.

<u>Gerd Bergfleth</u>: Heillos bin ich ja eh, als Heiliger.

<u>Gerd Kimmerle</u>: Nochmal zurück. Es geht darum, wie der Tod als absolutes Ende und die Logik der Zweckrationalität, die nicht mehr nur ein endloses Überschreiten ist, sich verfugen. Ich glaube jedenfalls, daß es logisch unhaltbar wäre, den Begriff des Todes als absolutes Ende in einer zweckrationalen Struktur widerspruchsfrei denken zu wollen. Die Unvorstellbarkeit des Todes hängt damit zusammen, daß der Tod verwurzelt ist in der Grundstruktur "System". Und das bedeutet, daß alle Versuche, mit Hilfe eines derartigen Denkens aus dem Systemzwang oder der Systemrationalität herauszugelangen, doch wieder vom System eingefangen werden.

Gerd Bergfleth: Ich hatte aber eigentlich doch fast die pataphysische Seite betont, nämlich daß der Tod ein Nicht-Argument ist. Und d.h., daß er nicht logisch zu deduzieren ist. Das machst du (Gerd Kimmerle) aber, glaube ich, im Augenblick, so oder so rum, das spielt gar keine Rolle. Ich dagegen habe vom Ereignis gesprochen als einem nicht-vernünftigen Grund ...

Gerd Kimmerle: Der Tod ist kein Ereignis, das ist einfach nicht wahr.

Gerd Bergfleth: Dann ist es eben für dich nicht wahr.

Gerd Kimmerle: Ein Ereignis ist etwas, was eingetreten ist. Der Tod ist immer schon eingetreten, oder er steht noch aus. Das sprengt genau den Charakter der Gegenwärtigkeit, der dem Ereignis zukommt.

Gerd Bergfleth: Laß dich doch einmal auf einen absoluten Augenblick deiner Existenz ein. Wie würdest du den benennen?

Gerd Kimmerle: Warum muß man den benennen? Das ist genau die Vorstellung, daß etwas identifizierbar oder feststellbar ist.

Gerd Bergfleth: Du mußt es nicht benennen. Ich meine, du kannst ja auch anfangen zu dichten oder zu schweigen ...

Gerd Kimmerle: Warum soll ich das Tod nennen? Dazu besteht doch überhaupt keine Veranlassung.

Gerd Bergfleth: Wenn du diesen Augenblick als Tod in deinem Sinne oder im modernen Sinne, wie du ihn als absolutes Ende definiert hast, beurteilen willst, dann besteht dazu in der Tat kein Anlaß. Wenn du dagegen sehen würdest, daß da ein Neuanfang im Sinne eines ursprünglichen Entspringens in diesem Augenblick anwesend ist, dann könnte es vielleicht doch anders aussehen.

Heidrun Hesse: Heißt das nicht aber doch wieder, vom Tod als Metapher oder in Form der Metapher reden?

Gerd Bergfleth: Nein. Also die Todeslust ist ja ursprüngliche

Lebenslust und insofern ist zwischen dem Untergang, der mir vor Augen steht, und dem Aufgang keine Differenz zu machen. Das wollte ich vorhin noch zu Ihnen, Herr Sonnemann, sagen: Vergangenheit, Zukunft und dergleichen spielen keine Rolle in der Gegenwart. Es gibt eine Gegenwart, die nicht auf Dauer ausgerichtet ist, die nenne ich Augenblick. Eine Gegenwart, die die Zukunft in sich enthalten würde, wäre Überdauern, Überleben, und das wäre, das zumindest haben wir von Herrn Baudrillard gelernt, der Systemtod des kapitalisierten und vertoteten Lebens.

Ulrich Sonnemann: Es bestätigt sich jetzt, daß ich Ihnen (Gerd Bergfleth) hier überhaupt nicht folgen kann. Mir scheinen das doch alles recht willkürliche Bestimmungen zu sein, die an der Erfahrbarkeit von Gegenwart vorbeigehen, wie sie Augustinus bereits sehr genau beschrieben hat im 11. Kapitel der Confessiones. Es gibt keine Gegenwart, die sich nicht aus der Erfahrung von Erinnerung und Erwartung aufbaut. Ich weiß auch nicht, wie eine solche Gegenwart eigentlich aussehen sollte, die diesen Bestimmungen nicht mehr unterläge. Das ist ein spekulatives Postulat, das dann seinerseits nach einer phänomenologischen Untermauerung verlangt. Und ich weiß nicht, wo Sie die herbeziehen wollen. Es gibt keine denkbare Theorie der Zeit, die an Augustinus' Beobachtungen vorbeigehen könnte.

Gerd Bergfleth: Der Tod ist eben keine Zeit.

Ulrich Sonnemann: Nein, der Tod ist diese Unüberschreitbarkeit. Das ist ja nicht einmal eine neuzeitliche Sache. Die Linie, auf der sich diese Auffassung des Todes bewegt, ist eine uralte, nämlich die eleatische, epikureische: Solange wir sind, ist der Tod nicht, und wenn der Tod ist, sind wir nicht, infolgedessen geht der Tod uns nichts an. Dabei fällt der Tod in den Bereich des Nicht-Seienden, und dieses Nicht-Seiende als Nicht-Seiendes ist prinzipiell Täuschung. Daraus läßt sich dann in der Tat die Spekulation gewinnen, die Sie (Gerd Bergfleth) jetzt formuliert haben, daß dies zugleich der Ursprung weiteren Lebens ist, weil eben aus diesem Seienden nichts herausfallen kann. Nur diese Unüberschreitbarkeit ist dann so etwas wie die Unüberschreitbarkeit der Kugel für alles, was sich auf ihrer Oberfläche bewegt.

Das geht unendlich weiter, braucht uns aber auch nicht zu beunruhigen, weil es schon irgendwie weitergehen wird, wir wissen nicht genau, wie. Mit dem Tod haben wir auf jeden Fall nichts zu tun, denn der ist sozusagen eine negative Bestimmung der Existenz. Daraus ergibt sich dann aber nicht diese Todesproblematik, die es dann auf immer noch ungeklärte Weise mit dem Verhältnis von Tod und Revolte zu tun hat. Der ganzen Diskussion haftet sogar etwas Müßiges an. Und ich weiß nicht, wie wir aus dieser Diskussion herauskommen, außer wir springen aus ihr heraus. Das wäre dann sozusagen der Gegensprung zu dem, von dem du (Dietmar Kamper) vorhin mit Recht sagtest, daß wir ihn selber haben.

<u>Horst Folkers:</u> Ich möchte noch einmal anknüpfen an die Erläuterungen, die Sie (Jean Baudrillard) gegeben haben. Wenn ich Sie richtig verstanden habe, sagen Sie, die Schwierigkeit der Auseinandersetzung mit dem System bestehe darin, daß das, was dieses System einmal versprochen hat und was wir erhofft haben als Gegenüber zum System, alles bereits geschehen sei, daß das sozusagen hinter uns liege. Und dann haben Sie sich auf die verschiedenen Eröffnungen von Zukunft bezogen. Also, sagen wir, ein Ende mit Schrecken. Auch das sei eigentlich schon geschehen. Oder die Utopie des Glückes oder die Wiederbringung aller Dinge, um eine andere Idee zu nennen, das Jüngste Gericht - es hat schon stattgefunden, in der doppelten Form als Wiederbringung aller Dinge und als Jüngstes Gericht der Verwerfung. Es ist schon angekommen, und wir sind es bereits. Ich versuche davon auszugehen, daß diese Beschreibung unseren gegenwärtigen Zustand trifft, daß sie richtig ist. Dann kann man doch die Frage stellen: Was war denn eben noch los, daß das jetzt so aussieht, wie Sie es beschreiben? Was eben noch los war, das, fand ich, haben Sie vorhin ganz schön beschrieben. Eben noch los war: Die Zukunft nimmt uns in Anspruch, weil wir allein oder mit anderen zusammen dort etwas zu erreichen haben. Die Zukunft nimmt uns in Anspruch und wir sind in Anspruch genommen durch die Zukunft. Wir wollten im Mai 1968 noch etwas erreichen; wir haben geglaubt, wir könnten etwas erreichen; wir haben so getan, als würde die Zukunft auf uns warten oder als würde Frankreich auf uns warten oder Deutschland oder so etwas. Es gab da noch etwas, was durch

uns zu verwirklichen gewesen wäre. Und wir stellen jetzt fest, daß, was immer wir wollen, schon geschehen ist. Es ist nicht zu verwirklichen, es ist alles schon geschehen. Ich ziehe daraus mal ein erstes Fazit. Ich sage: Die Moderne hat sich viel Mühe gegeben, die Zukunft zu entdecken und sie zu beanspruchen. Die Hegel-Kritik in diesem Lande hat sehr lange unter dem Stichwort stattgefunden: Hegel leugnete die Zukunft, keine Zukunft wird Hegel verleugnen. Das hat Ernst Bloch gesagt. Diese Meinung teilt Bloch mit sehr vielen anderen Beobachtern aus den Reihen der Neuhegelianer. Also da könnte ich beliebig jemanden zitieren, der gesagt hat: "Hegel hat alles richtig gesehen, aber eines hat er nicht getan, er hat dem deutschen Volk keine Aufgabe gestellt. Also das war im Vorfaschismus, so 1927, worum es dort ging, war eine Aufgabe. Die Zukunft mußte als eine Aufgabe definiert werden. Und nun kann man doch sagen, daß , wenn Sie (Jean Baudrillard) recht haben mit ihrer Beschreibung, die Moderne es fertig gebracht hat, alle diese Zukunftsentwürfe zu ruinieren, sie schleichend, ohne das man es merkt, im Grunde alle auch schon zu realisieren. Und was Sie dann sagen, ist doch nichts anderes als, daß die Zukunft uns wieder loslasse. Wir haben keine mehr. In welchem Sinne haben wir keine mehr? In genau dem Sinne, in dem die Zeit seit Hegel glaubte, sie müsse alles auf die Zukunft stellen. Dort sei das gelobte Land oder vielleicht das Heilige oder sonst so etwas. Diese Zukunft verspricht plötzlich nichts mehr. Jetzt ist die Frage: Wenn die Zukunft nichts mehr verspricht, was dann? Also, wenn die Zukunft nun keine Aufgabe mehr ist, auch keine Drohung mehr, um so besser. Sie hat uns losgelassen. Die Zukunft hat uns losgelassen. Die Frage ist: Wo kommen wir an? Wo kommen wir an, wenn wir endlich aus der Zukunft zurückkehren, in der wir immer meinten, wir hätten Aufgaben, und haben dabei bloß, z.B. unsere Gegenwart ruiniert. Das ist ja einer der Gründe dafür, warum die Zukunft uns nichts mehr zu versprechen hat. Wir haben gemerkt, in gewisser Hinsicht kann man das auch kapitalistisch ausdrücken, daß wir immer auf Kosten der Zukunft gelebt haben. Wir haben die Zukunft schon verschuldet, ja. Wenn man die Zukunft schon verschuldet hat, ist das Wichtigste, von der Zukunft wieder frei zu werden. Und ich finde zunächst Ihren (Jean Baudrillard) Beitrag, grad den von heute nachmittag, außerordentlich optimistisch. Es liegt darin der Freiheitssog der französischen Revolution. Diesmal geht es nicht darum, von einer verknechtenden Vergangenheit frei zu werden, sondern von einer verknechtenden Zukunft. Und an diesem Punkt verstehe ich Bergfleth. Das ist das, was er auch möchte. Aber wir Deutschen haben das immer nicht in der Revolution gehabt, sondern immer nur im Gedanken, in heiligen Gedanken natürlich. Im Hyperion heißt es: "Dann wird kommen die schönste jüngste Tochter Gottes: die neue Religion."

Hartmut Schröter: Also diese Erlösung von der Zukunft finde ich jetzt sehr gut beschrieben. Jedenfalls ist dadurch erläutert, daß die Gegenwart, die dadurch frei wird, nicht die Gegenwart des absolut Gleichgültigen ist, also nicht die nivellierte Gegenwart, die Sie (Jean Baudrillard) als die Gegenwart dieses Systems beschreiben. Da kann es offenbar einen Umschlag ums Ganze geben. Das würden Sie nicht sagen? Aber das sag ich dann. Also das ist so eine Figur wie Nietzsches Kritik des Sinns. Es ist ja nicht so, daß Nietzsche nicht mehr glaubte an den Sinn, sondern er sagte, daß der Sinn nihilistisch sei. Der Sinn verlegt immer etwas in die Zukunft oder in etwas, was noch zu erwarten ist. Und um den Nihilismus des Sinn- oder des Zweckbegriffs zu zerstören, um etwas freizusetzen, was uns befreit von diesem Nihilismus des Sinn- oder Zweckbegriffs oder der Werte, wie man heute sagen müßte, deswegen muß die Kritik des Sinns geleistet werden. Das nur als Hinweis darauf, was es heißen könnte, die Gegenwart neu zu denken. Dann möchte ich nochmal zum Thema Tod zurückkommen. Ich glaube, daß wir in der Diskussion eine ganz große Unsicherheit gehabt haben, auf welcher Ebene das Thema überhaupt zu bestimmen sei. Ich will mal den Vorschlag machen, es doch bei der Metapher zu belassen innerhalb einer neuzeitlichen Diskussion der Verleugnung des Todes. Wir entdecken also im Rückblick auf die Neuzeit, daß wir alles unter den Maßstab der Präsenz, des Besitzstandes gebracht haben. Das Wahre beispielsweise muß etwas sein, was man hat, es muß ein Zustand sein, in dem man lebt, der nicht mehr veränderbar ist, kein Werden mehr kennt. Das Leben muß sich als Selbstbehauptung definieren. Für uns ist die Wirklichkeit nur das, was aktuell ist, was also grade da ist. Und die Vergangenheit ist nicht mehr wirklich, und die Zukunft ist in diesem Sinne auch nicht mehr wirklich. Diesen Wirklichkeitsmaßstab kann man mit dem Begriff "Tod" angreifen. Und dann ist er meiner Ansicht nach nur eine Metapher dafür, daß man die Zeit neu denken muß. Ich würde jetzt nicht sagen, die Gegenwart realisiere das Zeitlose. Da würde ich dir (Gerd Bergfleth) gerne widersprechen, wenn du das so meinen solltest. Der Umschlag kann vielmehr geschehen, wenn wir Zeit akzeptieren, wenn wir akzeptieren, daß es das, was wir uns immer von der Zukunft versprochen haben, nur in einer zeitlichen, augenblickshaften, wieder vergehenden Form geben kann. Wenn wir aus der neuzeitlichen Wirklichkeitsmasche, Wirklichkeit als Präsenz, raus wollen, dann müssen wir das ertragen, daß das anders nicht zu haben ist. So übersetze ich mir mal die Metapher "Tod".

Ulrich Sonnemann: Das ist aber etwas anderes als die Lösung von der Zukunft, von der vorher die Rede war. Es gibt doch keine Gegenwart, die sich nicht auf etwas Künftiges hin, was sie noch nicht genau bestimmen kann, spannt und dehnt, die nicht so etwas wäre wie Erwartung, unter Umständen Erwartung des Unerwartbaren. Erlösung von der Zukunft kann es nur geben von einer Zukunft, die bereits auf die von mir schon angesprochene Weise perfekt futurisch verfälscht ist.

Ute Gerhard: Ich möchte noch einmal auf das Thema der Gleichgültigkeit zurückkommen. Herr Baudrillard, die Stellung, die der Tod in Ihrem Buch noch hatte, haben Sie jetzt aufgelöst und abgelöst durch diese Idee der Gleichgültigkeit. Sie nannten das dann auch noch eine "radikalisierte Indifferenz". Mir ist einfach unverständlich, wie eine Gleichgültigkeit radikal sein kann. Auch wenn Sie so sagen, die Atomisierung und all dies Schreckliche, das habe schon längst stattgefunden, dann ist mein Verdacht, oder sagen wir einmal, da komme ich auf die Idee, daß diese Form der Gleichgültigkeit als etwas gedacht ist, wodurch man mit dem Schrecken fertig werden kann. Also Gleichgültigkeit als Lösung. In Nietzsches "Zarathustra" heißt es ja von den letzten Menschen: Wir haben das Glück erfunden, sagen die letzten Menschen und blinzeln. Nichts mehr zu tun, alles als gleichgültig anzusehen, das wäre dann sozusagen die ideale

Lösung, um dem Schrecken zu entrinnen. Irgendwie will mir das nicht einleuchten, daß diese Gleichgültigkeit radikal ist. Ich habe das Gefühl, daß "radikal" etwas sein müßte, was an die Wurzeln geht und etwas tut. Das ist vielleicht sehr konventionell, so zu denken, aber ich kann das andere einfach nicht begreifen.

<u>Horst Folkers</u>: Darf ich noch einen Satz zu dieser "Erlösung von der Zukunft" sagen? Das habe ich sehr speziell gemeint. Die These ist, daß der Kapitalismus, aber auch der Sozialismus, die Zukunft in einer sehr speziellen Weise beschlagnahmt. Und das, worum es geht, ist die Befreiung von dieser Beschlagnahme oder Verknechtung. Ich meine nicht, daß es keine "Zukunft" mehr geben kann. Bloß ist das dann etwas anderes. Es ist alles schon geschehen, das heißt: alle Zukünfte sind von dem Systemzusammenhang, von dem wir da was erwartet haben, schon vorweggenommen, schon realisiert. Sie sind jetzt bereits da. Sie liegen schon hinter uns, in einer schleichenden Weise. Was ist jetzt mit uns? Wir sind von dieser Zukunft nicht mehr beschlagnahmt. Das ist nur die These. Und ob man das dann Befreiung oder Erlösung nennt ... Benjamin hat mit diesen beiden Begriffen immer gespielt, je nachdem, ob er in kommunistischen oder in jüdischen Zeitschriften publiziert hat, weil er sehr genau wußte, wo man was sagen darf. Und wenn hier das Wort Erlösung auf ein Gehör stößt, das dafür nicht vorbereitet ist, dann kann ich gerne Befreiung sagen.

<u>Gerd Bergfleth</u>: Keine Konzessionen an den Zeitgeschmack!

<u>Jean Baudrillard</u>: Ich möchte einige Worte zur Indifferenz oder Gleichgültigkeit sagen; ich weiß nicht, ob das dasselbe ist. Ich meine, die Indifferenz kann auch eine Leidenschaft sein. Wir sprechen immer von den Leidenschaften des Subjekts. Und ich meine, so wie man von den Strategien und Leidenschaften des Subjekts sprechen kann, kann man auch von den Strategien und Leidenschaften des Objekts sprechen. In differenz ist nicht nur Neutralisierung. Es gibt zwei Arten von Indifferenz. Es gibt eine Indifferenz des Neutrums: entweder-oder. Aber das ist eigentlich die Indifferenz des Subjekts, das keine Lösung weiß.

117

Diese Indifferenz ist also Ausdruck eines Defizits, eines radikalen Defizits des Subjekts. Das ist der Nullgrad der Leidenschaft. Aber die Indifferenz kann auch eine Leidenschaft sein. Ich meine, daß auch der Mai 68 solch ein leidenschaftliches Ereignis war. Man könnte in diesem Zusammenhang auch vom symbolischen Tausch reden, und doch war das ein Ereignis ganz ohne Konsequenzen. Und wir wußten das genau. Wir wußten damals, daß die Zukunft schon vorüber war, und wir waren ganz indifferent gegenüber der Zukunft, überhaupt gegenüber vielem. Aber wir waren auf leidenschaftliche Weise indifferent. Der Mai 68 war kein Revolutionsereignis in dem traditionellen Sinne. Natürlich war die Rede von historischen Hoffnungen, aber das galt nicht wirklich. Der Mai 68 war von vornherein ein zukunftsloses Ereignis, kein hoffnungsloses, aber ein zukunftsloses. Aber deswegen war er nur um so leidenschaftlicher. Der entscheidende Unterschied ist der zwischen Verzauberung und Entzauberung. Also, die Simulation vernichtet die Wirklichkeit, und auch der symbolische Tausch vernichtet die Wirklichkeit oder auch der Tod. Alles hängt davon ab, ob dies auf eine verzaubernde Weise geschieht oder auf eine entzaubernde Weise. Die Simulation schafft eine entzauberte Indifferenz, aber es gibt eine Möglichkeit, Möglichkeit klingt natürlich noch zu sehr nach Utopie, also es gibt, ich weiß nicht was, aber es muß etwas anderes geben, was auf eine verzaubernde Weise geschieht. Alles ist eine Frage des Rhythmus, der Geschwindigkeit, der Akzeleration, der Potenzierung, der Steigerung. Das Ende ist immer dasselbe. Das Ende ist der "Tod" im neutralisierten Sinne des Wortes. Aber die Frage ist, ob dieser Tod auf verzaubernde oder entzaubernde Weise geschieht.

<u>Dietmar Kamper:</u> Ich möchte noch einmal anknüpfen an den Gedanken der Beschlagnahmung der Zukunft, der Beschlagnahmung der Zeit. Das hat ja das mit dem Tod zu tun, daß der Tod in den Strategien der Neuzeit abgeschafft werden sollte. Der Tod und damit die Zeit sollten gestrichen werden, und das Leben als Wert, als höchster Wert akkumuliert werden. Ich meine, daß Jean Baudrillard das sehr ausführlich dargestellt hat. Und ich nehme auch an, daß sich der Einwand von Herrn Bergfleth eigentlich gegen diese Art der Todeskonzeption richtet, wie sie in den Ver-

hältnissen selbst zum Tragen gekommen ist. Ich will das einmal kurz vorlesen, weil ich glaube, daß das doch sehr wichtig ist. "Unsere ganze Kultur ist nichts anderes" - das ist wieder eine totalisierende Formulierung - "als eine immense Anstrengung, Leben und Tod voneinander zu trennen und die Ambivalenz des Todes zum Vorteile der Reproduktion des Lebens als Wert und der Zeit als allgemeinem Äquivalent zu bannen. Den Tod abschaffen, das ist unser sich in alle Richtungen verzweigendes Phantasma: Überleben und Ewigkeit in den Religionen, Wahrheit in der Wissenschaft, sowie Produktivität und Akkumulation in der Ökonomie. Keine andere Kultur kennt diese distinktive Opposition zwischen Leben und Tod zugunsten eines Lebens als Positivität: das Leben als Akkumulation, der Tod als Zahltag. Keine andere Kultur kennt diese Sackgasse: seitdem die Ambivalenz von Leben und Tod aufhört, seitdem die symbolische Reversibilität des Todes aufhört, beginnt man mit dem Prozeß der Akkumulation des Lebens als Wert - aber gleichzeitig begibt man sich auf das Feld der Produktion, welche dem Tod äquivalent ist. So wird dieses zu Wert geronnene Leben ständig durch den äquivalenten Tod pervertiert." (Jean Baudrillard, Der symbolische Tausch und der Tod, München 1982, S. 232) Und wenn irgendein Einsatz der Todesrevolte noch Sinn haben könnte, also auch rückblickend, dann wäre es doch ein nicht äquivalenter Tod. Dann ginge es doch darum, die Ambivalenz zu halten oder einzuführen statt der Äquivalenz. Ich frage mich jetzt nur, ob Ihr Versuch, Herr Bergfleth, indem er auf der Ebene der Besprechung abläuft, das ist ja auch ganz unvermeidlich, nicht insofern zu kurz greift, als dieses Geschehen, das sich weitertreibt, nicht nur die Zukunft, sondern vielleicht auch die Gegenwart raubt und so einen Zustand der Geistesungegenwart, der Vergangenheits- und Zukunftslosigkeit mitproduziert, kalte Indifferenz, entzauberte Indifferenz. Ich frage mich, ob dem eigentlich eine Beschwörung eines Todesfestes gewachsen sein kann. Ich sage ausdrücklich "Beschwörung". Denn über die Sache möchte ich mich nicht äußern. Wenn ein Mensch sich umbringt mit einer solchen Absicht oder mit einer solchen Intention, dann bringt mich das zunächst völlig zum Verstummen.

<u>Gerd Bergfleth</u>: Ich kenne die Schwäche des diskursiven Schreibens und kann nur supponieren, daß auch im diskursiven Schrei-

ben sozusagen Löcher gestoßen werden in den Diskurs. Ich bin leider kein Dichter. Vielleicht könnte der das besser. Das ist aber nicht unbedingt gesagt. Die Chance des Diskurses liegt vielleicht doch darin, ihn aufzubrechen, ihn zu öffnen auf Abgründe hin.

<u>Horst Folkers:</u> Ich finde dieses Gespräch jetzt sehr wichtig. Und würde gerne noch fragen, ob Sie (Jean Baudrillard) sich dafür interessieren, woher diese Verzauberung kommt, diese Fähigkeit zur Verzauberung, sodaß die Indifferenz eine leidenschaftliche wird. Sind die Quellen dazu sozusagen immer in jedem Menschen wieder neu gegeben, einfach da? Ich habe das Gefühl, daß Bergfleth sich für die Frage interessiert, woher diese Kraft in uns kommt, diese Indifferenz zu einer leidenschaftlichen zu machen, unangesehen des Endes, das immer dasselbe ist.

<u>Jean Baudrillard:</u> Das weiß ich nicht. Ich möchte etwas anderes sagen. Ich meine, die Differenz liegt auf der Seite des Subjekts, ebenso wie der Wunsch, das Verlangen, der Trieb. Und meine Hypothese ist, daß es auf der Seite des Objekts etwas anderes gibt. Das Subjekt kann Triebe haben oder ein Verlangen, aber nur das Objekt kann verführen. Das Objekt verführt durch seine Indifferenz, durch diesen Status der Indifferenz. Warum? Weil es schon vollkommen ist, weil es sich nicht wie das Subjekt in der Spannung befindet zwischen dem, was kommen wird, und dem, was schon vorüber ist. Das Subjekt ist gespalten, das Objekt aber ist vollkommen. Und als ein solches Vollkommenes verführt es. Was heißt "es verführt"? Das heißt: Durch seine Indifferenz als Objekt bringt es das Subjekt in Verwirrung, in totale Verwirrung. Und ich vermute, daß das Objekt einiges Vergnügen daran hat. Das ist allerdings kein Trieb, vielleicht eine Leidenschaft. Vielleicht gibt es Objektleidenschaften in diesem Sinne, Strategien des Verführens. Und die beruhen auf dieser Macht, dieser Souveränität, die gar nicht die des Subjekts ist, sondern die Souveränität der Indifferenz. Das erklärt gar nichts. Aber ich meine, wir müssen das nicht erklären, etwa durch einen Trieb, eine Energie, irgendeine psychische Ökonomie.

Gerd Kimmerle: Ich möchte noch einmal zurückkommen auf den Zusammenhang von Zeit und Tod, von dem wir vorhin geredet haben. Ich meine, die neuzeitliche Wirklichkeitserfahrung war lange bestimmt durch den Zusammenhang von Zeit und Ordnung, der revolutionär verstanden wurde. Von der kopernikanischen Revolution bis zur Darwinschen Evolutionstheorie ist eigentlich eine Zeiterfahrung da: Zeit wird geordnet als ein kontinuierliches, rational durchsichtig zu machendes Voranschreiten, als ein Voranschreiten, das von einem selber zeitlosen Prinzip her gesteuert ist. Und in unserer gegenwärtigen Zeiterfahrung kommt offensichtlich irgendein Unbehagen an einer derartigen Bestimmung auf, weil sie bedeutet, daß unsere ganze Zukunft prinzipiell vorweggenommen ist, prinzipiell schon vergangen ist. Ich möchte dieses Unbehagen noch einmal mit dem Todesbegriff zusammenbringen. Denn der Tod ist offensichtlich ein Bruch in der Zeit. Und die Metaphysik hat den Tod überwunden, indem sie ihm einen Sinn zugeschrieben hat. Die Wissenschaft versucht ihn zu überwinden, indem sie ihn immer weiter hinausschiebt mit dem letzten Ziel, ihn abzuschaffen. Wenn der Tod sich nun nicht mehr integrieren läßt in eine derartig totalisierte Wirklichkeit, die alle Zukunft als begriffene Notwendigkeit versteht, dann verändert sich offensichtlich unsere ganze Wirklichkeitserfahrung. Ich möchte mich aber dagegen wehren, daß das dann so interpretiert wird, daß nun wiederum aus der Unableitbarkeit des Todes ein neues Sicherheitsprinzip gewonnen wird, daß daraus eine neue Heilsgewißheit oder Erlösungsgewißheit abgeleitet und die Zukunft dann als solche überhaupt zugunsten einer perfekten Gegenwart, wie Herr Kamper gesagt hat, völlig negiert wird. Die Konsequenz wäre aber doch eigentlich, nicht die Zukunft abzuschaffen, sondern eine veränderte Gegenwart-Zukunft-Beziehung erfahrbar zu machen. Es geht nicht darum, die Zukunft abzuschaffen, sondern eine vergangenheitsbestimmte Zukunft, ein bestimmtes Zukunftsschema, in dem wir denken und in dem wir auch leben. Die Konsequenz wäre, dieses in seiner Fragwürdigkeit durchsichtig zu machen und zu versuchen, daraus herauszugelangen. Und das hieße, auch herauszugelangen aus einem Veränderungsdenken, das Veränderung als Notwendigkeit begreift, das Wirklichkeit unter das Primat der Notwendigkeit stellt. Zukunft hat mit Möglichkeit zu tun. Wenn als möglich nur gilt, was berechenbar ist, wird sie stillschweigend in Notwendigkeit umdefiniert. Wenn der Tod quasi als ein neuer Ursprung verstanden wird, dann kehrt hier ein altes Schema von Revolution wieder. Alle Revolutionsmodelle, von der kopernikanischen Revolution bis zu Marx, beruhen merkwürdigerweise auf dem Schema der Wiederholung und der Wiederkehr. Mich würde interessieren, woran das eigentlich liegt. Revolution gilt als Erneuerung, Revolution gilt als Wiederherstellung des Ursprünglichen, Revolution gilt als Aufhebung von Entfremdung, wobei Entfremdung eben definiert ist als Auseinandersprengen von Wesen und Existenz oder Wesen und Erscheinung. Revolution wird als ein Wiederzurückführen gedacht. Und ich vermute, daß diese Art von geschichtlicher Zurückführung zusammenhängt mit dem analytischen Denken, das eine logische Zurückführung ist. Etwas auf seine Ursprungselemente zurückzuführen, heißt: etwas in seinem Grunde begreifen. Und das ist der Gegenbegriff zu einem Begriff von Freiheit als Grundlosigkeit. Vielleicht wäre es möglich, zu versuchen, den Zusammenhang von Veränderung und Zukunft außerhalb dieser Schemata zu diskutieren.

<u>Ute Gerhard:</u> Ich würde da gern anknüpfen. Ich finde das eine sehr gute Formulierung oder ein Angebot einer Analyse, wenn Sie (Gerd Kimmerle) sagen, daß die bisherige revolutionäre Praxis oder die Vorstellung, die man von ihr hatte, immer eine war, die an Vorangehendes angeknüpft hat, und daß es solche vergangenheitsbestimmte Zukunft wäre, von der wir uns zu lösen hätten. Ich finde das deshalb so passend, weil es mir die ganze Zeit auffällt, daß, wenn wir hier von Zeiterfahrung oder Wirklichkeitserfahrung reden, wir uns klar machen müssen, daß es sehr ungleiche Erfahrungen gibt, eine Ungleichzeitigkeit der Erfahrungen. Mir fällt das deshalb auf, weil hier immer wieder das Beispiel des Pariser Mai 1968 angeführt wird, der ja nur eine bestimmte Generation geprägt hat, während ich beispielsweise geprägt bin durch eine Erfahrung in der Frauenbewegung. Wir haben eine andere Zeiterfahrung, da ist eine Ungleichzeitigkeit, und daraus ergibt sich das Unverständnis sozusagen dieser Form der Enttäuschung gegenüber. Also vielleicht kann man sagen, daß wir nur noch nicht an diesem Punkt vollkommener Enttäuschung angelangt sind, die Gleichgültigkeit uns nur noch

nicht gepackt hat. Aber ich wehre mich gegen dieses "Nur-noch-Nicht" und bestehe auf dieser anderen Erfahrung. Ich denke, daß gerade auch das Scheitern der bisherigen revolutionären Praxis eben darauf beruht, daß sie von falschen Vorannahmen, einseitigen Erfahrungen ausgegangen ist.

Gerd Bergfleth: Für die Indifferenz des Vollkommenen gibt es natürlich Beispiele. Das prominenteste Beispiel ist, meine ich, die Schönheit, also Schönheit als etwas Verführendes, zugleich Indifferentes und Vollkommenes. Und wenn man Schönheit jetzt nicht als ein ästhetisches, sondern als ein kosmisches Verhältnis faßt, also als Welteröffnung, dann wäre man vor dem Irrweg bewahrt, nur isolierte Kunstwerke oder Naturwerke zu bestaunen. Man müßte eben sehen, wie der Pitro (Hartmut Schröter) das heute morgen schon gezeigt hat, daß hier Welt im emphatischen Sinne eröffnet wird. Und von da aus könnte man zumindest versuchsweise einen Bezug zum Tod herstellen, insofern auch der Tod Welt eröffnet, Welt stiftet, eine Gemeinschaft stiftet. Es gibt ja von Rilke die Äußerung: "Denn das Schöne ist nichts als des Schrecklichen Anfang, den wir noch grade ertragen, und wir bewundern es so, weil es gelassen verschmäht, uns zu zerstören." (Rilke, Erste Duineser Elegie) Also das Schöne hat in verschiedener Weise mit dem Tödlichen zu tun. Das Schöne ist ein Göttliches, was zugleich tödlich ist.

Gerd Kimmerle: Aber warum reden wir jetzt plötzlich wieder vom Vollkommenen. Ist das Vollkommene nicht das, was aus der Ordnung der Zeit herausspringt? Aus der Ordnung der Zeit herauszuspringen, ist aber ein Phantasma, das ist nicht möglich. Und zweitens, es ist eigentlich immer das gleiche, was ich dich (Gerd Bergfleth) frage, du bringst Begriffe und beziehst die auf den Tod, und warum die auf den Tod zu beziehen sind, ist mir unverständlich. Also konkret: Vollkommenheit und Tod z.B. haben für mich nicht sehr viel miteinander zu tun. Aber noch etwas anderes zu dem Motiv, aus der Ordnung der Zeit herauszuspringen. Offensichtlich ist es ja so, daß jeder Versuch, Zeit zu denken, sie von einer Zeitlosigkeit her zu umgreifen versucht. Und vorher ist mir da aufgefallen, daß die Rede war davon, daß das Ende immer das gleiche sei. Ja, ist das nicht die

Vorwegnahme überhaupt? Woher wollen wir das wissen, daß das Ende immer das gleiche ist. Vielleicht ist es immer wieder verschieden. Vielleicht hängt diese Überlegung mit der Frage der Reversibilität und Irreversibilität zusammen und mit dem Gefühl der Enttäuschung. Hier muß doch offensichtlich eine endgültige Enttäuschung eingetreten sein, die dazu treibt, aus der Geschichte auszutreten. Es wäre dem einmal nachzugehen, was hinter dieser Enttäuschung steht. Ich glaube, da ist wirklich sehr stark der Mai 68 gemeint. Dann erhebt sich die Frage: wer ist da enttäuscht worden und welche Hoffnungen, vielleicht auch völlig übertriebenen Hoffnungen, sind da enttäuscht worden. Vielleicht ist diese Enttäuschung, diese wirklich radikale, leidenschaftliche Enttäuschung nur die radikale Umwendung einer ebenso radikalen Hoffnung, vielleicht sind beide nur zwei Seiten derselben Medaille.

<u>Gerd Bergfleth:</u> Das sagt ja Herr Baudrillard.

<u>Gerd Kimmerle:</u> Ja, aber dann ist es vielleicht möglich, daß man aus der Alternative, dem Dilemma überhaupt heraus kommt, indem man sich nicht immer nur von dem einen Pol zu dem anderen bewegt, sondern vielleicht aus dem Spiel aussteigt.

<u>Gerd Bergfleth:</u> Das habe ich ja gesagt. Mit einem, mit einem Sprung.

<u>Gerd Kimmerle:</u> Aber doch nicht aus der Zeit heraus.

<u>Gerd Bergfleth:</u> Ich kann hier einen Kompromiß anbieten, indem ich spreche von absoluter Zeit oder vom Augenblick.

<u>Heidrun Hesse:</u> Also ich möchte versuchen, für mich noch einmal zusammenzufassen, was in den letzten zwei Stunden dieser Diskussion mit dem Begriff des Todes passiert ist. Soweit ich das sehen konnte, war zuerst davon die Rede, daß der Tod sozusagen das Gegenbild der Akkumulation ist. Pitro (Hartmut Schröter) hatte das ausgeführt. Deswegen könnte kritisierbar sein, daß der Tod in dem Text von Herrn Baudrillard, den wir vorliegen haben, doch irgendwie noch in ein Kalkül gebracht, in ein System des

Gabentausches integriert wird. Der zweite Begriff, der sich dann ankündigte, war meiner Meinung nach der des Todes als letzter Bastion. Und ich weiß nicht, ob dieser Begriff nicht die ganze Zeit in der Diskussion schweben geblieben ist. Ihm zufolge wäre der Tod die letzte Bastion, wohin sich das wahrheitssüchtige Individuum oder wer auch immer zurückgezogen hat, eine letzte Bastion gegen das böse System. Und wenn der Tod nur richtig gelebt würde, dann wäre man auf einmal endlich wirklich unvereinnahmbar. Ich glaube, daß das eigentlich das Thema ist, bei dem Gerd Bergfleth seine Position hätte erläutern können und müssen. Das hat sich nicht ergeben, weil der Pitro dann vorschlug, den Tod nur als Metapher zu nehmen. Ich finde, daß die Zeiterfahrung, die damit angesprochen werden sollte, Kimmerle hat dann ja auch in diese Richtung argumentiert, sehr einleuchtend ist. Das könnte eine passable Konstruktion werden, wenn man sagt, Tod sei eben eine Metapher für eine bestimmte Zeiterfahrung, die nicht mehr in die lineare Zeit der Zweckrationalität eingespannt ist, ohne andererseits in eine absolute Zeit oder Zeitlosigkeit zu führen, sondern in dieser Zeiterfahrung ist einfach die lineare Zeitordnung des zweckgerichteten Handelns zergangen. Ich habe damit nur ein einziges Problem. Warum ausgerechnet die Todesmetaphorik, um diese Erfahrung zu benamsen? Ich glaube, daß es keinesfalls egal ist, auf welche Metaphorik man verfällt. Ich meine, daß es auch nicht gleichgültig ist, ob man nun von Befreiung spricht oder von Erlösung oder ob man beide Wörter nicht mehr benutzt, um bestimmte Phänomene oder Erfahrungen zu beschreiben. Also ich finde, es ist nicht egal, welche Metaphern man verwendet. Und ich empfinde einfach ein riesiges Unbehagen gegenüber dieser Todesmetaphorik. Sie gefällt mir nicht. Sie scheint mir den Tod zu verharmlosen. Mir paßt diese Metapher ganz einfach nicht, die mir die beliebteste unseres Jahrhunderts zu sein scheint, von Heidegger an. Ich würde dann gerne wissen, warum die Todesmetaphorik so beliebt ist. Das ist meine eine Frage. Die andere, ob du (Gerd Bergfleth) nicht doch einmal deine Differenzen, so wie du sie siehst, zu dieser metaphorischen Interpretation des Todes herausarbeiten könntest. Für dich ist der Tod ja irgendwie ein Tor zur wahren Gemeinschaft. Ich finde, daß das hier sonst alles zu wild und gleichzeitig scheinbar einträchtig durcheinandergeht.

<u>Gerd Bergfleth:</u> Ja, was soll ich da viel sagen. Ich kann das nur hinstellen. Ich kann es nicht vermitteln mit einem bloß metaphorischen Begriff, weil der Tod etwas noch vor dem Unmittelbaren Gelegenes ist. Ich habe das mit dem "Nicht-Argument" beschrieben. Ich war auch mit Pitros erster Äußerung viel mehr einverstanden, daß der Tod das absolute Nicht-Kalkül sei. Ich meine: was ich geschrieben habe, habe ich geschrieben. Ich kann das nur wiederholen, sehr viel schlechter. Ich kann die Frage eigentlich nur zurückgeben, weil keine gemeinsame Basis da ist. Ich kann nur in einen leeren Raum hinein Behauptungen setzen. Aber da eigentlich keine Resonanz kommt, kann ich es auch sein lassen. Es ist bisher nichts aufgetreten, außer dem Gedanken der Erlösung von der Zukunft, was einen Weg gezeigt hätte. Aber auch das wäre zu wenig, weil von dem Heiligen eben nicht gesprochen wird, bzw. niemand einen Gedanken gebracht hat, der in diese Richtung führt. Ich kann eben praktisch nur warten, ob die Geschichte mir nun eines Tages recht gibt oder nicht.

<u>Heidrun Hesse:</u> Die gibt es also jedenfalls noch, die Geschichte, oder nicht?

<u>Gerd Bergfleth:</u> Die Geschichte jetzt im pragmatischen Sinne, die bleibt ja weiterhin bestehen. Insofern kann ich es doch etwas erläutern, daß ich nämlich dualistisch vorgehe. Das Reich der Nichtigkeit und des Pragmatischen, das läuft weiterhin. Das kann ich auch nicht abschaffen. Ich kann nur versuchen, es in mir wegzudenken, wie ich vorhin gesagt habe, und kann da herausspringen. Aber ob ich verrückt bin oder ob ich nicht verrückt bin, darüber werden andere befinden.

<u>Gerd Kimmerle:</u> Was verstehst du eigentlich darunter, daß dir die Geschichte recht gibt? Wann würdest du sagen, daß die Geschichte dir recht gegeben hat?

<u>Dietmar Kamper:</u> Posthum geht das nur, nach dem Tode.

<u>Gerd Bergfleth:</u> Ja, natürlich.

<u>Heidrun Hesse:</u> Eine Zwischenbemerkung. Es ist ja wirklich auf-

fällig, daß wir ganz unheimlich radikal sind, jetzt diese zwei Tage lang. Wir schaffen hier schier alles ab. Nichts bleibt übrig als Bezugspunkt. Das Witzige ist nur, daß das alles bloß auf einer intellektuellen Ebene abgeschafft ist, auf der pragmatischen Ebene verlassen wir uns aber weiterhin darauf, da funktioniert dann alles aber exakt genauso weiter wie vorher.

Gerd Bergfleth: Das hätte man wissen müssen, bevor man anfängt.

Hartmut Schröter: Ich glaube nicht, daß es weiter so funktioniert. Ich halte das für die genuin angemessene Diskussion über den Tod, wie der Gerd (Bergfleth) sie exponiert hat. Mit meiner Bemerkung, den Tod einmal als Metapher stehen zu lassen, habe ich das nur sozusagen rüberspielen wollen in den Begriff der Zeit. Ich seh mich jetzt nicht in der Lage dazu, zu begründen, warum die Erfahrung der Zeit sozusagen aus dem Tode gewonnen wird oder inwiefern diese andere Erfahrung der Zeit etwas mit Todeserfahrung zu tun hat. Und dann habe ich das halt rübergespielt auf den Gegensatz neuzeitlicher Zeitnegierung qua Akkumulation und gemeint, daß mit dem Tod eine andere Erfahrung von Zeit ins Spiel gebracht werden sollte. Das wollte ich damit nur sagen. Und was steht denn damit auf dem Spiel? Die ganze Struktur oder der Horizont, in dem wir unsere Utopien bilden. Man konnte bisher so leben und sagen, es sei nur noch nicht angekommen, was wir utopisch erwarten. Und ich meine, mit Baudrillard und damit etwas wiederholend, was Nietzsche schon gedacht hat, können wir uns von dieser Struktur befreien, die Zukunft immer als zeitlose, als Vollendung oder in diesem Sinne zu denken. Die Zeit ist aus der Erwartung der Neuzeit her das rein Negative. Daß es Zeit gibt und Vergehen gibt, das muß immer negiert werden. Es gibt aber eine Möglichkeit der Gegenerfahrung, daß nämlich die Zeit der Ort des Erscheinens dessen ist und notwendig sein muß, also die vergehende Zeit, das Nichtige der Zeit, der Ort dessen, wo es überhaupt nur so etwas wie das, was du (Gerd Bergfleth) als Schönheit beschrieben hast, geben kann. Das ist meine Ansicht. Ich weiß nicht, ob ich da eine richtige Deutung habe, aber ich würde sagen, daß das die Erfahrung der Griechen ist, Zeit in diesem Sinne zu akzeptieren, als den Ort des Menschlichen. Der Ort des Menschlichen zeichnet sich

127

gerade dadurch aus, daß darin etwas möglich ist, was den Göttern nicht möglich ist, nämlich: Ereignis. In Becketts "Das letzte Band" scheint mir das ganz klar und deutlich exponiert zu sein. Es gibt da eine Stelle, die ich wunderbar finde. Also da läßt dieser Alte ja in Hektik immer wieder sein Leben vor sich abrollen mit Hilfe von Tonbändern, vergegenwärtigt sich immer wieder verschiedene Situationen seines Lebens. Er hat ja auf den Tonbändern schon immer kommentiert, etwa: ach dieser Mist, ich junger Spund, jetzt bin ich besser, jetzt hab ich's besser erreicht. Also er denkt immer im Schema der Akkumulation. Und das hört er nun auch von den Tonbändern, am Ende seines Lebens, daß er immer gedacht hat, es werde besser werden. Das ganze Elend dieser Erfahrung wird jetzt deutlich, die Enttäuschung, das Elend der Zeit. Und trotzdem gibt es auf diesem Tonband eine Stelle, die nicht in diesen Strudel gezogen wird. Das ist, wie er mit seiner Geliebten in einem Boot fährt. Erst streitet er sich in dem Boot mit ihr, aber nachher ist ihm das wurscht. Ich weiß nicht mehr genau, wie die Situation ist. Jedenfalls liegen sie dann im Boot und treiben ins Schilf und dann wird irgendetwas von der Sternennacht gesagt. Also es ist plötzlich Ruhe, Stille. Und an diesem Faktum, dieser Stelle kommt er nicht vorbei. Er spult das Tonband immer wieder dahin zurück. Und gegenüber jeder zeitlosen Auslegung dieses Augenblicks scheint mir die Pointe zu sein, daß es diesen Augenblick nur geben kann auf dem Hintergrund des ganzen Elends, der vorherigen Zeiterfahrung. Die Zeit bejahen, daß heißt, also für Beckett jedenfalls, daß wir das ganze Leiden daran, zeitlich zu sein, Abschied nehmen zu müssen, nicht loswerden können. Das aber ist nicht die Unmöglichkeit dieses anderen Augenblicks. Das ist für mich ein Entwurf dafür, was es heißen könnte, Zeit zu akzeptieren, mal gegen deinen (Gerd Bergfleth) Entwurf gesagt. Dann akzeptiert man auch das Elend, akzeptiert, was es heißt, in der Zeit zu leben, während ich bei dir den Verdacht habe, daß du das verbrennen willst sozusagen, daß das etwas Absolutes werden soll. Und da bin ich halt skeptisch.

<u>Gerd Bergfleth</u>: Ich komme ja erst zum Entwurf oder Vorschlag, zum Gedanken einer Wiederkehr des Heiligen aus der Erfahrung des Heillosen heraus. Insofern ist die Endlichkeit immer da. Wenn

ich von der nicht erregt wäre, von der heillosen Zeit, von der reißenden Zeit, würde ich gar nicht den Gedanken fassen können von etwas, was da heraustritt. Aber ich hatte schon gesagt, daß es mir nicht so sehr darauf ankommt, die Zeitlosigkeit hier zu bestimmen. Denn die ist ja auch ontologisch irgendwie in schlechter Weise festgelegt, sei es als nunc stans, sei es als Ewigkeit. Ich möchte auch keine Zeittheorie entwerfen. Vor Jahren habe ich mal versucht, eine Theorie der absoluten Zeit aufzustellen. Das könnte ich jetzt nicht wiederholen, das hätte auch wenig Sinn. Ich möchte nur bestehen auf der absoluten Differenz zwischen der heillosen Zeit und dem Traum , will ich mal sagen, einer heiligen Zeit. Und ich bin überrascht, daß man nicht auf diese Selbstverbrennungen z.B. kommt, die ich ja angeführt habe. Vielleicht hätte man diesen oder jenen Fall noch für sich betrachten müssen, aber ich glaube nicht, daß das viel weiter geführt hätte. Das hätte nur psychologische Erwägungen und also alle möglichen Fehlentwicklungen hineingebracht. Für mich ist es undenkbar, daß bei diesen Selbstverbrennungen nicht etwas passiert, was umwälzend ist per se. Ich brauche mir doch nur vorzustellen, daß ich mich selbst anzünde ...

<u>Heidrun Hesse:</u> Dann mach das doch!

<u>Gerd Bergfleth:</u> Das stelle ich mir sehr oft vor.

<u>Heidrun Hesse:</u> Also ich will dich jetzt auch nicht dazu drängen. Aber du stellst dir das eben nur vor.

<u>Gerd Bergfleth:</u> Ja, ich stelle mir das vor.

<u>Michael Rutschky:</u> Entschuldigen Sie bitte. Ich muß mal was dazwischen sagen. Ich bin völlig außerstande, eine, sagen wir mal erotische Epiphanie, wie sie bei Beckett eine Rolle spielt, mit dem Gedanken der Selbstverbrennung zusammenzubringen. Es will mir wirklich nicht gelingen. Vielleicht kann man sagen, daß es Epiphanien gibt, die mehr auf den Eros zurückgehen und Epiphanien, die auf den Thanatos zurückgehen. Aber dann muß man sich auch darüber im Klaren sein, was man will, was man dazu sagen will. Aber daß das alles irgendwie eine Soße sein soll..

Gerd Bergfleth: Also schon Ihre Ausdrucksweise beweist, daß Sie eben vollkommen außerhalb stehen.

Ulrich Sonnemann und Marlis Gerhardt: Außerhalb von was?

Gerd Bergfleth: Betroffenheit meine ich.

Michael Rutschky: Wir wollen doch jetzt keine Wohngemeinschaftsdiskussion führen, in der die Kategorie der Betroffenheit eine Rolle spielt. Also man kriegt doch den unheimlichen Eindruck, daß wenn Selbstverbrennung und erotisches Glück ungefähr dasselbe sein sollen in Bezug auf ihre Qualität als Epiphanien, daß wir es dann tatsächlich mit einer Simulationsmaschine zu tun haben, die nämlich Epiphanien simuliert. Und es ist ihr vollkommen schnurz, ob das eine Selbstverbrennung ist oder erotisches Glück. Und das ist doch beunruhigend.

Horst Folkers: Sie (Michael Rutschky) haben schon ganz recht, das muß man auch betonen. Sie haben mit Ihrer Wahrnehmung ganz recht. Es geht darum, daß beides hier als Beispiel eingeführt wurde für eine Gegenerfahrung gegen ein Immer-Gleichgültiges. Das muß man zugeben. Das ist doch auch nicht zu bestreiten, wenn wir davon ausgehen, daß Leben als ein immer gleichgültiges sozusagen von vornherein ein nichtiges ist. Dann ist es doch interessant zu fragen: Wo ist das gebrochen und zerbrochen, an welcher Stelle? Daß dann die beiden Dinge in sich selbst nun geradezu einander vollkommen ausschließende Erfahrungen sind, das kann man, das muß man natürlich auch betonen dann. Aber das ist demgegenüber ein zweiter Schritt.

Ute Gerhard: Die Selbstverbrennung kann doch gar keine Erfahrung sein in diesem Sinne.

Horst Folkers: Ja also nun, da gibt es eine Merkwürdigkeit, daß es viele Leute gibt, die behaupten, daß Liebe von Natur ihre Erfüllung eher im Tod als im Leben sucht. So steht es z.B. bei Walter Benjamin im "Wahlverwandtschaften"aufsatz. Das kann man ja nun noch einmal hinterfragen. Man kann sagen, ja, daß das die Europäer waren. Die konnten einfach nicht da bleiben, wo es gut ist, oder womit immer das zusammenhängt. Aber man muß doch erst einmal zur Kenntnis nehmen, daß diese Konjunktion von Liebe und Tod nun nicht **erfun**den worden ist von uns gerade hier an dem Tisch und daß das nicht auf einem Erfahrungsmangel beruht.

Michael Rutschky: Aber Selbstverbrennung ist doch nicht einfach der Hintergrund des Todes.

Horst Folkers: Nein, sag ich doch gar nicht. Aber die Liebenden wollen doch zusammen in den Tod gehen.

Michael Rutschky: Aber nicht indem sie sich verbrennen.

Heidrun Hesse: Außerdem ist das Ganze ja nur ein gigantisches Theater der Vorstellung, ein Schwelgen in der Vorstellung, wie der Tod denn wäre, wenn man sich ihm aussetzen würde. Irgendwie kommt mir das so vor, daß demjenigen, der dieses Theater mitmacht, genau das passieren kann, was Pierrot le fou am Ende des Godard'schen Filmes passiert. Der weiß nämlich auch nicht so genau, was er macht, als er sich den ganzen Kopf mit einer dicken Rolle Sprengstoff umwickelt. Und als ihm das endlich klar wird, daß er nun gleich in die Luft fliegen wird, da versucht er die Lunte auszulöschen. Nur gelingt ihm das nicht mehr, weil er sie mit all dem Sprengstoff um den Kopf herum gar nicht mehr sehen kann. Also muß er doch in die Luft fliegen. Und ich kann mich des Wunsches nicht enthalten, daß jedem, der in dieser Weise über den Tod philosophiert, auch genau solches widerfahren sollte. Ich kann mich dieses Wunsches nicht enthalten.

Dietmar Kamper: Das ist wieder Rache.

Marlis Gerhardt: Der Diskurs hat etwas Perverses, tut mir leid. Es ist so todessüchtig hier. Ich kann das, ehrlich gesagt, nicht mehr ernst nehmen. Ich kann wirklich seit zwei Stunden nur noch lachen. Ich bin nun sicher auch außen und habe eine andere Position, aber ich finde, das entgleitet ins Monströse.

Gerd Bergfleth: Um so besser.

Marlis Gerhardt: Ich finde das nicht gut. Diese Idee der Selbstverbrennung kann ich nicht verstehen, kann ich nicht begreifen. Ich begreif auch den ganzen Diskurs nicht. Ich hab das Gefühl, daß das eine Rhetorik-Maschine ist, die da abläuft. Das kann man auch Simulation nennen, ich würd's Rhetorik nennen. Ich finde das alles völlig unglaubhaft, und ich habe das Gefühl, mit ein paar Schauspielern zusammenzusitzen, die seit Jahren wahrscheinlich dieselben Statements abgeben. Ich meine, ich gucke mir das ganz gerne an, aber es ist Kino. Und außerdem ist es natürlich eine völlig frei luxurierende Beschäftigung.

Michael Rutschky: Aber ist es nun eine verzauberte oder eine entzauberte Kinoveranstaltung?

Horst Folkers: Also, ich fand das an sich schon schön, daß Sie (Michael Rutschky) an der Stelle eingehakt haben, wo wir spezifische Erfahrungen dadurch ruinieren, daß wir sie in einen systematischen Bezug bringen. Das Spezifische der Differenz muß man wirklich sehr betonen. Am Tod, wenn wir ihn ernst nehmen als Tod eines Menschen, sind wir immer nur als Zuschauer beteiligt oder als Hörende davon, außer in dem einzigen Fall, daß wir selbst sterben. Dann sind wir aber nicht mit unserem Tod beschäftigt, sondern mit dem Sterben. Und darüber kann man nicht reden, bevor man es erlebt. Sondern wir sind immer nur mit dem Tod anderer Menschen beschäftigt, den wir mehr oder weniger bewußt wahrnehmen. Und diese Situation ist natürlich vollkommen unvergleichlich mit der Weise, wie wir uns identifizieren können mit dem, was Beckett über die beiden Liebenden im "Letzten Band" sagt. Nicht, da fahren zwei miteinander in diesem Boot, landen da im Schilf, und er sitzt so und macht ihre Augen zu, weil die Sonne sie blendet, und dann beugt er sich so über sie, dann fällt sein Schatten auf sie, das merkt sie, und deswegen öffnet sie die Augen. Sie "ließen mich ein", heißt es dann, 'alles bewegte sich unter uns und bewegte uns'. Jetzt wird so eine schweigende Stimmung da erzeugt. Ja, und selbstverständlich sind wir nicht nur solche, die das betrachten müssen, sondern wir haben das auch zu versuchen.

Michael Rutschky: Was ich bei der Selbstverbrennung nicht verstehe, ist, daß man da ja eigentlich, bevor man über den Tod spricht, über den Schmerz reden müßte. Denn das muß ja offensichtlich eine grauenhaft schmerzhafte Angelegenheit sein. Und was mir bei allen, ich sag's mal so, sado-masochistischen Epiphanien ein Problem zu sein scheint, ist, daß da ja der eigene Körper als der letzte Feind identifiziert wird. Also ich interessiere mich sehr für die Untersuchungen von Epiphanien. Ich finde das auch sehr interessant, sich genau zu überlegen, was etwa Benjamin unter 'profaner Erleuchtung' verstanden hat. Das ist ein sehr weites und interessantes Feld. Aber ich weiß nicht, warum ich dieses Feld dadurch einschränken sollte, daß ich mich ausschließlich mit Schmerz und Selbstzerstörung befasse. Und deshalb verstehe ich auch nicht, warum der Tod der Inbegriff der transzendierenden Erfahrung sein soll.

<u>Gerd Kimmerle:</u> Ich verstehe diesen Zusammenhang von Selbstverbrennung und erotischem Glück auch nicht. Und, also ich weiß nicht, ob das stimmt, aber ich habe den Eindruck, daß Selbstverbrennung eigentlich instrumentelle Vernunft ist. Man tut etwas, um etwas zu erreichen. Und warum das jetzt eigentlich mit erotischem Glück zusammengebracht wird, das verstehe ich nicht.

<u>Gerd Bergfleth:</u> Ich glaube eben nicht, daß die argumentativen Zusammenhänge und Motive, die bei einzelnen Selbstverbrennungen zumindest vorgebracht werden, entscheidend sind. Also die können vorkommen, sind aber trotzdem sekundär gegenüber diesem ungeheuren Ereignis, was Schmerz einschließt, die Vorstellung von Schmerz. Aber da würde ich vermuten, daß dieser Schmerz so absolut ist, daß einem also nicht nur die Haare zu Berge stehen, sondern daß das gar nicht mehr wichtig ist. Da ist also ein so absoluter Schmerz, daß er sich vermutlich der Erfahrung auch entzieht. Aber viel wichtiger erscheint mir die Vorwegnahme, also die Vorwegnahme des Verschwindens, die Vorwegnahme des In-Flammen-Stehens, des Brennens. Also ich vermute, daß da Ekstasen auftreten, die wir uns nicht vorstellen können.

<u>Ulrich Sonnemann:</u> Also ich vermute, daß hier eine phantasielose Vorwegnahme perfekt futurischer Art vorliegt, bei der so etwas vorschwebt ursprünglich wie eine wahre Epiphanie. Und das wäre

etwa der Sprung des Empedokles in den Krater. Da haben wir die Festbannung des höchsten Glücksmoments im Ereignis des freigewählten Todes. Während bei dieser Selbstverbrennung Schmerz in Kauf genommen wird, aufgrund einer umständlichen Vorbereitung und einer bemerkenswert kumulativen Vorstellung von Schmerz. Das ist so lustwidrig, auf tödliche Weise absurd, daß ich da wirklich nicht folgen kann.

Michael Rutschky: Es gibt da einen amerikanischen Romancier, nämlich Walker Percy, der sich selbst für einen Katholiken erklärt und sich sehr interessiert für die Erscheinungsweisen des Heiligen in der Welt heutzutage. Nun machen die Amerikaner so etwas ja anders. Da gibt es z.B. einen Augenblick ... Also so ein verwirrter, entfremdeter junger Mann hat sich ein Teleskop gekauft und richtet dieses Teleskop aus seinem Hotelzimmer auf ein Haus, das ganz weit weg liegt. Und das kennt man auch von sich selber, daß, wenn man mit einem Teleobjektiv operiert, daß da plötzlich etwas erscheint. Und für diesen jungen Mann passiert in diesem Augenblick etwas Merkwürdiges: Der sieht zum ersten Mal überhaupt etwas, "ja es ist doch da, es ist doch da". Das ist auch eine Epiphanie. Die hat aber mit Schmerz und Selbstzerstörung und Schrecken überhaupt gar nichts zu tun. Und ich kann nicht verstehen, wieso diese Art des absoluten Schmerzes, dieser Augenblick des absoluten Schmerzes der Augenblick der absoluten Lust sein soll. Also ich krieg das nicht zusammen, es tut mir wirklich leid.

Gerd Kimmerle: Ich glaube, der Punkt ist die Vorwegnahme. Empfindungen lassen sich nämlich nicht vorwegnehmen. Und was du (Gerd Bergfleth) machst, das ist folgendes: du willst die Empfindung haben, ohne sie durchkosten zu müssen. Das heißt: du willst sie haben und willst sie doch nicht haben. Deshalb nimmst du den ganzen Schmerz der Selbstverbrennung immer vorweg, aber du nimmst ihn wirklich nur vorweg. Da hat die Heidrun (Hesse) nämlich recht.

Gerd Bergfleth: Was soll ich denn sonst tun?

Michael Rutschky: Ein Zusatzproblem liegt darin, daß diese Art Obsession durch den Schmerz als Inbegriff der Erleuchtung oder des Transzendierens zu einem Hammerargument wird. Es hört ja nicht auf, Argument zu sein, und wenn das Argument dreimal sagt: ich bin gar kein Argument, ich bin gar kein Argument. Es ist ja trotzdem eines.

Gerd Bergfleth: Übrigens habe ich nicht gesprochen von der Erleuchtung des absoluten Schmerzes. Ich habe nur aufgenommen, was Sie (Michael Rutschky) eingewandt haben, nämlich daß man hier, wo man vom Todsein spricht, von Schmerzen sprechen müßte. Also mit Sado-Masochismen und dergleichen hab ich's nicht zu tun.

Michael Rutschky: Woher wissen Sie das?

Gerd Bergfleth: Das denke ich.

Ein Herr aus dem Zuhörerkreis: Ja, wenn schon Feuertod, dann möchte ich auf etwas hinweisen, das wenigstens anekdotisches Interesse in Anspruch nehmen kann. Es gibt eine graphische Serie, die einmal hergestellt wurde in München, da hat ein Inder oder wer es war einen Feuertod photographisch-graphisch dargestellt, also ziemlich realistisch. Es waren drei Bilder, die zeigten, wie der zunehmende Feuertod stattfindet. Und die Pointe war, daß im dritten Bild triumphal das Signum von Esso auftauchte. Das war also gewissermaßen eine pervertierte Werbung: verbrennen Sie sich, aber dann bitte mit Esso ...

Horst Folkers: Es gibt ein wichtiges Goethe-Gedicht, "Selige Sehsucht", dort heißt es: "Sagt es niemand, nur den Weisen,/ weil die Menge gleich verhöhnet:/ Das Lebend'ge will ich preisen,/ das nach Flammentod sich sehnet."

Dietmar Kamper: Ja, vielleicht ist die Eingangszeile dieses Goethe-Gedichts doch ein Hinweis darauf, daß das Ganze, in einem unaufhörlichen Diskurs übers Aufhören gefaßt, eine bloße Reklamation ist, ein Hinterherschreien oder ein Vorausschreien. Ich meine, man sollte an dem Punkt wirklich aufhören und nicht weiterreden, weil der Tod, den man sich dauernd vergegenwärtigt im Sprechen, vor allen Dingen der Tod als Existenz, der ... Als Metapher, ja. Aber wenn wir jetzt auch noch in derselben

Weise über die Auslöschung, die Selbstauslöschung zu sprechen...
das muß schief werden, das kann gar nicht anders gehen, das kann
nur eine Form von ...

Gerd Bergfleth: Das ist monströs.

Dietmar Kamper: Monströs, ja.

DER TOD DER MODERNE

(Vierte Diskussionsrunde)

Ulrich Sonnemann: Ich habe mich gefragt, in welchem Zusammenhang eigentlich die Diskussionen der vergangenen zwei Tage mit dem Zentralthema stehen könnten und hoffe, daß sich das jetzt sehr bald herausstellt. Aber ich würde damit anfangen, daß ich die These, die in dem Titel der Veranstaltung avisiert ist, rundweg bestreite, nämlich daß es so etwas geben könnte wie einen Tod der Moderne, außer wir verstehen den Tod in einem ganz spezifischen Sinne, auf den ich gleich komme. Ich habe vor zwanzig Jahren einen Satz veröffentlicht: "Die Moderne ist eine Bewegung auf das Früheste zu." Was da vorschwebte, war eigentlich der zyklische Charakter von Geschichtsperioden, die nach meiner Wahrnehmung es immer in sich haben, daß etwas, was an ihrem Anfang gewissermaßen als ihr Programm sich manifestiert, in ihrem Verlauf entfaltet, verwirklicht wird. Und das schien mir für die Jahrhunderte seit dem Ausgang des Mittelalters in hohem Grade damals schon zuzutreffen. Darauf könnten wir im einzelnen noch kommen. Das gilt sowohl für den Impuls des Cartesischen "ich denke, also bin ich" wie andererseits für die Positionen von Roger Bacon, von Cusanus. Das alles stellt sozusagen ein Programm fest, das die Moderne entfaltet hat. Und wenn jetzt vom Tod der Moderne die Rede ist, dann habe ich den Eindruck, daß gewissermaßen aus einer Froschperspektive punktuell aufregende Wahrnehmungen gesammelt werden, die dann dafür sorgen, daß diese Perspektive selber sich mit einer abgehobeneren verwechselt. Aber gerade diese Distanz fehlt, und wenn man versucht, sie zu gewinnen, dann stellt sich etwas noch Überraschenderes heraus, das ich vor zwanzig Jahren noch nicht gewußt hatte, nämlich daß dieser Begriff des Frühesten noch viel handfester genommen werden kann, als ich damals geahnt hatte. Das Früheste, sozusagen die früheste geschichtliche Erinnerung ist ja die im "Timaios" des Platon bewahrte Erinnerung an Atlantis. Und inzwischen deuten neuere Forschungen darauf hin, daß Atlantis wirklich dort gelegen hat und in der kurzen Zeit untergegangen ist, wie das in Platons Bericht beschrieben worden ist, was ja immer wieder bezweifelt worden ist. Das sind vor allem sowjetische Forschungen und die sehr minutiösen und sehr konvergenten, aus verschiedensten Wissenschaftsgebieten zusammengetragenen Forschungen von Otto Muck. Das alles läuft darauf hinaus, daß unser gesamtes Geschichtsbild an der Schwelle seiner tiefsten Erschütterung steht. Das alles scheint mir also gewissermaßen dieses Wort von der "Bewegung auf das Früheste zu" auf eminente Weise zu bewahrheiten im Begriff zu stehen. Es sind ja auch wirklich nur ein paar Jahrhunderte. Warum sollte denn die Moderne, nachdem sie grade ... vier Jahrhunderte sind ja ein geschichtliches Nichts ... warum sollte sie schon zu Ende gehen? Es könnte sich in einem bestimmten Sinn um den Tod der Moderne handeln, wenn wir nämlich den Begriff des Todes im Sinn von Georges Bataille verstehen als einen "kleinen Tod". Dann wäre die Moderne jetzt an dem Punkt, wo sie beginnt zu pubertieren; und eventuell wäre dieser "kleine Tod" so etwas wie ihr erster Orgasmus. Das würde ich dann auch vertreten können.

<u>Gerd Kimmerle</u>: Ich glaube, daß der Titel "Der Tod der Moderne" sich genau gegen eine solche Auffassung wendet, daß es zurückgehe in die Frühzeit ...

<u>Ulrich Sonnemann</u>: Das habe ich nicht gesagt, daß es zurückgehe in die Frühzeit. Ich habe von einer "Bewegung auf das Früheste zu" gesprochen.

<u>Gerd Kimmerle</u>: Gut. Aber wenn dem so ist, dann ist das bedeutungslos, denn das Früheste ist vergangen. Was man sich vielleicht klarmachen sollte, ist, daß der Titel "Der Tod der Moderne" ja zwei Aspekte hat. Erstens meint er, daß die Moderne vielleicht am Ende ist. Und zweitens geht es um den Todesbegriff der Moderne. Und ich meine, daß es auch genau darum geht, den modernen Todesbegriff auf die Zeiterfahrung zu beziehen. Ich habe gestern schon gesagt, daß die Moderne sich den Tod als das absolute Ende vorstellt im Gegensatz zur vormodernen Todesauffassung, für die der Tod ein Durchgang zu einem Wiederkehrenden ist. Eine derartige Auffassung von Moderne, wie Sie (Ulrich Sonnemann) sie entwickeln, hat den modernen Todesbegriff nicht mitgekriegt. Und eine derartige Auffassung von Veränderung, die in zyklischen Zeitvorstellungen denkt, denkt im Schema einer Wieder-

kehr von Frühestem, denkt Gegenwart immer aus einer Vergangenheit her, auch wenn sie meint, von einer Zukunft zu reden.

Gerd Bergfleth: Ich würde das rundweg bestreiten, daß man die Moderne denken kann aus ihr selber heraus. Man muß versuchen, wenn man 'Ende' denkt, nicht nur 'Anfang' usw. aufzunehmen, sondern vor allem ein Jenseits zu denken, eine Form der Transmoderne ...

Gerd Kimmerle: Das ist genau die Durchgangsvorstellung zu einem Jenseits, die mit einem vergangenen Todesbegriff zusammenhängt.

Dietmar Kamper: Wer hat nun recht? Ich möchte einmal wissen, wer jetzt recht hat in der Debatte. Das kommt ja immer wieder dazu, daß der eine sagt, der andere habe unrecht. Können wir das nicht ein bißchen weitertreiben? Also ...

Ulrich Sonnemann: ...daß sie beide unrecht haben.

Gerd Bergfleth: Es gibt ja argumentative Gründe. Ob z.B. eine Wiederkehr nun zyklisch oder gar nicht zeitlich gedacht ist, ist weniger wichtig. Eine Wiederkehr als Rückstieg, ja Rückstieg in den Anfang, in den Ursprung, kann nicht in der Weise zeitlich vergangen sein wie alles, was linearzeitlich oder auch in verschiedenen Zyklen zeitlich gewesen ist, vergangen ist und vergangen sein kann. Wiederkehr ist einfach definiert als unzeitliche Bewegung.

Ulrich Sonnemann: Das Thema handelt ja sehr unzweideutig vom Tod der Moderne und nicht vom Todesbegriff in der Moderne ...

Gerd Kimmerle: Der "Tod der Moderne" ist ein Genitivus subjektivus und ein Genitivus objektivus.

Ulrich Sonnemann: Also wenn vom Tod eines Menschen die Rede ist, dann ist das ein völlig unzweideutiger Genitivus subjektivus, und das gilt in diesem Falle ebenfalls. Moderne ist in diesem Fall Subjekt, und der Tod doch der ihre. So habe ich das Thema verstanden, und so kann es auch nur verstanden werden. Und wenn wir jetzt über den Todesbegriff der Moderne sprechen, geraten wir in Diskussionen zurück, die wir gestern und vorgestern geführt hatten. Und für heute hatten wir uns doch unzweideutig jenes andere Thema vorgenommen. Und ich hatte nichts gesagt von einer Rückkehr in die Frühzeit - was sollte das überhaupt sein? -, sondern daß etwas, was verborgen am Anfang der Menschheitsgeschichte liegt, sozusagen sich als Ziel offenbart, manifestiert, einer Geschichtsbewegung, in der wir mitten drin sind, in der wir gefangen sind, und die hat bereits so vieles umgewälzt, daß wir uns nicht verwundern sollten, wenn die größten Überraschungen vielleicht noch vor Ende des Jahrhunderts uns bevorstehen. Wir leben in einer zweifellos orgiastischen Kurzperiode, die dann als 'kleiner Tod der Moderne' durchaus ihren Begriff ...

Horst Folkers: Ich fände es gut, wenn wir uns auf einen bestimmteren Begriff der Moderne noch verständigen könnten. Etwa so, wie Herr Baudrillard das zweite Stadium der Produktion bestimmt. Die eigentliche Moderne ist nicht die gesamte Neuzeit, sondern die eigentliche Moderne ist die Epoche der industriellen Produktion.

Ulrich Sonnemann: Das wird ja noch kürzer.

Horst Folkers: Ja natürlich, noch kürzer. Und die Moderne zeichnet sich durch bestimmte Charakteristika aus, die man benennen kann - ich werde gleich eines nennen - und von denen man sagen kann, daß man dieses Charakteristikum beispielsweise heute so nicht mehr festhalten kann. Arnold Gehlen ist einer der Beobachter dieser Industriekultur in Deutschland. Er hat in der "Seele im technischen Zeitalter" versucht, den Punkt zu definieren, von dem an Industriekultur sich unterscheidet von aller früheren Kultur. Und er sagt, daß mit der Industriekultur sich die Produktion von Gegenständen endgültig losgelöst habe vom Reproduktionszusammenhang der natürlichen Ressourcen. Und zwar über die Erfindung der Energiemaschine, der Energiemaschine und natürlich der Werkzeugmaschine. Und nun ist sehr auffällig, daß wir in den letzten zehn Jahren ein Bewußtsein dafür bekommen haben, daß diese Loslösung eine partielle ist und niemals eine vollständige sein kann. D.h. wir haben ein Bewußtsein davon bekommen, daß die Industriekultur durchaus im Irrtum ist, wenn sie glaubt, sie könnte sich von der organischen Reproduktion der Natur auf dieser Erde vollkommen distanzieren. Das kann sie nicht. Wenn man sagen kann, daß das Kleid, das wir uns schneidern können aus den natürlichen Ressourcen der Natur, also von dem, was nachwächst jedes Jahr, von dem Holz, das wir schlagen können, und von der Wolle, die wir scheren können, daß wir uns daraus so ein erstes Kleid, also das Kleid der Kultur schneidern können, dann ist die Industriekultur etwas, was ein etwas größeres Kleid, vielleicht ein unangemessen großes Kleid, geschneidert hat, nämlich indem sie Bodenschätze exhumiert hat und alles mögliche andere. Aber das, was dort zunächst vom Reproduktionsprozeß des wachsenden Lebens sich losgelöst hat, ist in Wahrheit ein Teil eines größeren natürlichen Zyklus, den man nicht überschreiten kann. Und dieses Bewußtsein, daß man das nicht überschreiten kann, ist eigentlich so ein durchgehendes Bewußtsein in den siebziger Jahren. Und ich finde also die Analyse, die Baudrillard vorlegt, deswegen so interessant, weil sie diese Voraussetzung der Unerschöpflichkeit mit aller Deutlichkeit ausschaltet. Dieser Irrtum der Moderne, sich losgelöst zu haben von biologischer Reproduktion, unerschöpflich voranschreiten zu können, unerschöpflich sich entfalten zu könne - das ist vorbei. Das finde ich eigentlich sehr stark, daß das so bestimmt wird. Und deswegen fände ich es gut, wenn wir uns auf die so bestimmte Moderne beschränkten.

<u>Ulrich Sonnemann:</u> Aber das ist doch willkürlich.

<u>Jean Baudrillard:</u> Ja, ich bin ganz einverstanden. Ich möchte an das Wort vom 'kleinen Tod' anknüpfen. Ich meine, die Moderne ist in der Ekstase. Die Revolutionen sind in so großer Beschleunigung begriffen, daß das schließlich zu einer Steigerung der Trägheit führt. Also die Revolution oder die Akkumulation geht so großartig, aber auch so gespensterhaft vor sich, daß man schließlich zu einer reinen Form der Reproduktion kommt, einer reinen, aber sinnlosen Form der Vollkommenheit. Was nicht reproduziert werden kann, das sind vielleicht Luft, Wasser, Natur usw., aber daran mangelt es nicht, denke ich. Was vielmehr

nicht reproduziert werden kann, das ist das Wirkliche, das Prinzip des Wirklichen. Das kann nicht mehr reproduziert werden. Und dann gelangen wir in einen Zustand des Verschwindens oder Schwindens. Da ist dann nicht mehr die Produktionsweise interessant oder die Reproduktionsweise, sondern einzig die Weise des Verschwindens. Wir haben also in jedem Bereich zu analysieren, wie diese Prinzipien, diese Realitäten, diese Energien zu verschwinden beginnen, weil hier eine Sättigung eingetreten ist. Ich würde nicht in Termen der Simulation sprechen, sondern lieber in Termen der Sättigung und Übersättigung, also der Implosion aller Dinge. Die Moderne scheitert, meine ich, an der Überakkumulation, aber natürlich an einer sinnlosen Überakkumulation. Das erleben wir auch mit der Information, den Medien. Aber das erleben wir auch mit den Waffen, der Kriegsfähigkeit, der Fähigkeit zum Atomkrieg. Seit langem ist der mögliche Gebrauch dieser Waffen zwecklos und undenkbar, weil es gar keine Äquivalenz mehr gibt zwischen den Tötungsmöglichkeiten und dem wirklichen Tod der Menschen. Also wir sind jetzt nicht mehr in einer Zeit des Wachstums oder der Produktion, sondern des Auswuchses oder, auf französisch gesagt, der excroissance.

<u>Ulrich Sonnemann:</u> Das hat zweierlei Bedeutung: etwas ist unerträglich geworden, also 'zum Auswachsen' und etwas überwächst das, was es vorher gewesen ist.

<u>Jean Baudrillard:</u> Ich möchte noch sagen, daß dieser Auswuchs der Produktion, diese Über-Produktion nicht immer gefährlich ist, nicht immer katastrophisch. Im Waffenbereich etwa sehen wir, daß die Vervielfältigung der Waffen uns schützt vor der Katastrophe. Ich bin überhaupt nicht für die Beschränkung der Waffen, denn es ist unsere letzte Chance, daß die Waffen sich vervielfältigen. Wenn die großen Mächte nämlich wieder einen wirklichen Kriegsraum fänden, und sie sind dabei, sich neue zu bauen, dann kommt der Krieg. Aber solange die Waffen sich so krebsartig vervielfältigen ... Wir müssen diese pathologische Ekstase der Waffentätigkeit gegen die wirkliche Waffengefahr, also die Atomgefahr, gebrauchen.

<u>Gerd Kimmerle:</u> Ich weiß nicht, ob dieses Vertrauen in das Wei-

terwuchern solch eine sichere Sache ist. Aber vor allem frage ich mich, ob wir nicht noch einen sehr musealen Geschichtsbegriff haben. Vielleicht müssen wir uns damit vertraut machen, daß es spurloses Verschwinden gibt. Und wenn es spurloses Verschwinden in der Geschichte gibt, dann meine ich, daß man Geschichte eben nicht mehr denken kann als eine Weise der Ursprungserinnerung oder der Entdeckung oder der Enthüllung eines Ursprünglichen, das uns unsere Zukunft sichert. Mit diesem Zusammenhang wird einfach eine Substanzmetaphysik von Geschichte aufrechterhalten, die fragwürdig geworden ist. Deswegen habe ich am Anfang der Diskussion noch einmal auf den Tod angesprochen, weil es darum geht, daß sich am Tod zeigen kann, daß dies eine äußerst fragwürdige Denkweise ist, weil sie die Geschichte als einen Raum der Geborgenheit bewahren will, als einen Zusammenhang, in dem etwas zwar verdeckt werden kann, aber grundsätzlich doch in Erinnerung und damit auch bewahrt bleibt. Ich möchte fragen, ob ein derartiges Geschichtsvertrauen nicht einfach überholt ist, überholt mindestens seit dem Anfang der Moderne, wo immer man diesen setzen mag. Ich glaube, daß dieses Vertrauen problematisch ist, gerade im Zusammenhang mit diesem Sicherheitsdenken, das unsere Sicherheit auf Furcht gründet.

<u>Dietmar Kamper</u>: Ja, fragen wir nach dem fragwürdigen Punkt. Weil 'fragwürdig' ja gleichzeitig heißt, daß es der Frage wert ist. Ich habe so ein bißchen den Eindruck, daß wir aus einer Klemme zwischen linearer Geschichte und zyklischer Geschichte nicht herauskommen. Immer wirft der eine dem anderen vor, er regrediere, wenn er jetzt etwa den Zyklus proklamiere, und der andere sagt, daß es eigentlich immer nur schlimmer werden könne, wenn er noch am Linearen festhalte. Ich habe Ulrich Sonnemanns Plädoyer gegen die Froschperspektive so verstanden, daß man schon an einen Punkt von gestern noch mal anknüpfen könnte, wo es hieß, daß wir die Zukunft schon hinter uns haben. Wenn man das jetzt wirklich nimmt, daß wir die Zukunft schon hinter uns haben, dann heißt das gleichzeitig, daß sie uns einholen wird oder daß sie uns einholen könnte. Sie könnte von hinten kommen. Eine Zukunft, die von hinten kommt, ist genau das, was Ulrich Sonnemann sagte: die Moderne ist eine Bewegung auf das Früheste zu. Dafür würde ich zunächst mal plädieren. Das würde

uns nämlich aus diesem Spiel herausbringen, das z.B. auch von Habermas vehement mitgespielt wird: da ist die Rede vom "unvollendeten Projekt der Moderne" oder im Gegenteil vom "Ende der Geschichte", vom "Ende des Subjekts", vom "Ende der Realität". Wenn das möglich ist, dann finde ich wiederum diesen Titel wichtig, denn der Tod ist ja nicht partout als das Ende zu bezeichnen. Sondern der Tod hat jene Momente der Ekstase, die Jean Baudrillard eben noch einmal ausdrückte, ohne daß wir jetzt schon sagen könnten, was sich in dieser Ekstase begibt. Aber ein Blick darauf wäre doch möglich. Wenn "Metastase" ein treffender Ausdruck ist für das, was geschieht, dann läßt sich damit ja keine Intention oder keine Zwecksetzung mehr verbinden. Dann passiert etwas. Und in dem, was passiert, könnte ein solcher Schub vorkommen, der die hinter uns liegende Zukunft in die Lage bringt, zum ersten Mal etwas wahrzunehmen, was eben nicht vergangen ist. Das Früheste ist nicht vergangen, das Früheste war noch nie da. Das ist der Punkt. Das muß herausgelöst werden aus dieser linear-zyklischen Zeitbewegung. Wenn das gelingt, dann ist auch eine solche Überlegung, daß man die Zukunft hinter sich hat und daß sie von hinten kommt, nicht mehr ganz so von der Hand zu weisen. Und das würde für mich bedeuten, daß es unerläßlich ist, endlich so etwas wie eine planetarische Perspektive zu entwickeln, also die Geschichte der Erde zu beginnen und nicht dauernd immer mit der Opageschichte oder mit der Weltgeschichte oder Industriegeschichte ... was sind das für bornierte Angelegenheiten angesichts einer solchen Frage. Das wäre also auch nur sehr vorläufig ein Hinweis darauf, daß mehr in diesem Satz steckt.

<u>Gert Mattenklott</u>: Nur, Herr Kamper, würde ich das dann doch nicht mehr Moderne nennen. Ich meine, Sie sollten das auch nicht so nennen, bloß um sich jetzt mit Herrn Sonnemann zusammenzuschleichen. Meiner Ansicht nach ist da doch schon eine Differenz, die man markieren sollte. Wenn Sie davon sprechen, das Früheste aufzusuchen, dann meinen Sie damit, wie ich auch, ja nicht irgendwie ein Vorzeitliches, zu dem man zurückgehen könnte im Sinne einer regressiven Bewegung, sondern eher im Sinne einer Reflexion auf das, was der Ursprung sein könnte. Und der Ursprung der Moderne ist ein Frühestes, von dem ich sagen würde, daß man

dahin nicht zurückkehren soll. Denn der Ursprung der Moderne ist gewesen der Imperativ des Wandels. Das hat übrigens Herr Gumbrecht in dem Artikel des Historischen Wörterbuchs zur deutschen Umgangssprache als Referenz angegeben für unsere Vorstellung von Modernität. Wenn wir gegenwärtig von Moderne sprechen, dann meinen wir diese Signatur: Imperativ des Wandels. Modern ist, was der Aktualität des Zeitgeists zu einem objektiven Ausdruck verhilft. Und was dann noch bezeichnet ist, ist dieser abstrakte Begriff des Fortschreitens, der linearen Progression. Fortschritt in diesem Sinne meint nicht nur Modernität des Bewußtseins, gar nur des ästhetischen Bewußtseins, sondern ganz eindeutig die Verbindung mit den Idealen der französischen Aufklärung, die durch die moderne Wissenschaft inspirierte Vorstellung vom unendlichen Fortschritt der Erkenntnis, vom unendlichen Fortschreiten der Gesellschaft zum Moralisch-Besseren usw.; und von diesem Begriff des Fortschreitens müßte man sich ja wohl doch verabschieden. Also, diese Moderne ist jedenfalls, denke ich, tot. Und zu dem Ursprung zurückzukehren, kann nicht heißen, zu diesem Imperativ des Wandels usw. zurückzukehren. Nur, Herr Sonnemann, was bleibt dann eigentlich von der Moderne, die Sie nicht totgesagt haben wollen, übrig? Welchen Begriff von Moderne haben Sie dann eigentlich, wenn es nicht dieser durch die französische Aufklärung, deren Wissenschaftstradition, deren Absage an die antike Modellkultur usw. geprägte ist? Was heißt eigentlich Moderne, wenn nicht dies?

Ulrich Sonnemann: Also ich glaube nicht, daß zyklische Geschichtsbetrachtung heißen kann, daß sich einfach ein Kreis schließt. Es handelt sich eigentlich vielmehr um eine asymptotische Korrektur, die durchaus ins Unendliche deutet, die nicht abgegrenzt werden kann, ganz gewiß nicht aufgrund froschperspektivischer Wahrnehmungen. Die zyklische Betrachtung der Geschichte macht sich vor allem zunächst an der Struktur fest, in der also kleinere Zyklen in größere eingelagert sind. Und ich weiß nicht, warum denn notwendig in dieser Wahrnehmung einer Struktur das Vertrauen in eine Substanz liegen soll. Wenn wir uns hier zusammensetzen, bewegen wir uns in einem gewissen Vertrauen auf die Möglichkeit von Klärungen, ohne daß diesem Vertrauen auf Klärung in unserer Runde jetzt eine bestimmte Substanzvorstellung zu Grunde liegen müßte. Da ist schlicht ein logischer Hiatus. Die Bewegung auf das Früheste zu ist die Bewegung auf etwas Verborgenes hin, dessen Offenbarung sozusagen die gesamte Perspektivik auf die Geschichtsbewegung, die sich vollzogen hat und immer noch weiter vollzieht, ein bißchen nähern könnte. Dietmar Kamper hat mich da von einigem, was zu sagen wäre, bereits entlastet. Übrigens handelt es sich ja nicht darum, daß wir uns zusammengeschlichen haben, sondern die Gemeinsamkeiten in fundamentalen Auffassungen sind ja dokumentiert vor allem in vielem, was du (Dietmar Kamper) selber veröffentlicht hast. Ich möchte aber nochmals betonen, daß der Tod der Moderne ja durchaus eben mit Georges Bataille so verstanden werden kann, wie ich vorgeschlagen habe, nämlich in dem Sinne, daß wir in einem Geschichtsorgasmus begriffen sind. Und das dadurch zugleich das, was am schwersten ist, der Themenstellung nach aber Gegenstand unserer Unterhaltung sein sollte, nämlich die Gewinnung von Abstand vom Gesamten der Geschichtsbewegung, daß das durch dieses Übernahe, was in einer Orgasmuserfahrung notwendig liegt, erschwert wird, das bitte ich doch in Betracht zu nehmen.

<u>Gerd Bergfleth</u>: Ich würde meinen, man muß, wenn man vom Ende der Moderne spricht, unterscheiden zwischen Verendung und Untergang. Die erste Feststellung wird wahrscheinlich sein müssen, daß die Moderne im Prozeß der Verendung begriffen ist und nicht im ekstatischen Moment des Untergangs. Also der Untergang der Moderne wäre etwas ganz Großartiges, was man nur mit der Wiederkehr des Ursprungs oder Offenbarung vergleichen könnte. Das wäre vermutlich, ja, es wäre etwas Ungeheuerliches. Und von da aus möchte ich noch einmal versuchen, diese Verendung als Prozeß der Moderne zu charakterisieren. Die Geschichte der Moderne ist wesentlich eine Geschichte von Totsagungen. Man könnte das spezifizieren. Die erste Stufe wäre: "Gott ist tot". Die könnte man mit dem Namen Nietzsche benennen. Die zweite Stufe "die Natur ist tot" könnte man mit Marx benennen, die dritte Stufe "der Mensch ist tot" könnte man mit Foucault und Baudrillard benennen, sofern also der Mensch als Subjekt, das haben wir ja gestern erläutert, tot ist. Das Äußerste wäre, daß eben der Tod selber tot ist. Das kann man natürlich verschiedenartig verstehen. Aber ich appelliere an gestern sozusagen, an die To-

desdiskussion, wo ja der Tod nicht vorkam. Ein zweiter Gedanke ist, daß man versuchen muß, die Radikalisierung als wesentliches Prozeßmoment mit der Verendung zusammenzudenken. Also das ist nicht zu trennen. Geschichte von Totsagungen ist ein Prozeß der Radikalisierung und Verendung gleichzeitig. Die Radikalisierung stellt sich nämlich als progressive Abschaffung metaphysischer Bestände heraus. Und eben damit hebt sich die Radikalisierung selber auf. Sie wird zur Neutralisierung, und zwar zu einer Neutralisierung, die die Leerstellen auffüllt mit simulativen Beständen. Also man kann sagen, daß die Natur ersetzt wird durch Technik, der Mensch ersetzt wird durch Computer, der Tod ersetzt wird durch das Dahinsiechen des Überlebens, und Gott durch Gesellschaft, Staat, Produktion. Das könnte man ausführen. Die Frage, die sich daraus ergibt, ist: Gibt es noch etwas, gibt es noch irgendeinen Bestand, den man abschaffen kann? Kann man noch irgendetwas finden, was abgeschafft werden könnte, wenn das Gesamtfeld der europäischen Metaphysik, Gott, Welt und Mensch, weg ist? Und das möchte ich bezweifeln und vor allem von da aus postulieren oder geradezu vielleicht prophezeien ein mögliches Ende, was eben von anderer Art ist als diese Abschaffung, Verendung, Neutralisierung. Dieses andere Ende würde ich Untergang nennen als Aufgang einer neuen Welt.

Michael Rutschky: Ich wollte an das anknüpfen, was Mattenklott sagte. Also Tod der Moderne und Imperativ des Wandels, ja. Aber das Ulkige ist doch, daß andererseits das, was dann modern in diesem umgangssprachlichen Sinne ist, also der Imperativ der Kreppsohle oder der Imperativ einer bestimmten modischen Form, in dem Augenblick, wo es da ist, absolut ist. Also bei Benjamin, da gibt es die Sache mit der Ewigkeit, die in einer Kleiderfalte wohne. Und das Merkwürdige ist ja auch, daß das, was dann modern ist, etwas Archaisches sein kann. Aus der ästhetischen Moderne ist eben die Negermaske bekannt oder am Anfang der Aufklärung bei Rousseau der Wilde. Das heißt: es gibt innerhalb der Moderne, wie immer wir sie jetzt auch zeitlich eingrenzen wollen, eigentlich immer eine Wiederkehr des Archaischen als modern, als aktuell. Also z.B. etwas, was wir noch kennen: die natürliche Frisur oder die natürliche Kleidung, d.h. man trägt die Haare lang, man trägt einen Bart und man trägt die Jeans, eine Mode, gegen die sich jetzt die Jugendlichen mit ihren Überstilisierungen wenden, die archaische Züge annehmen, weil es nämlich Stammesmerkmale sind. Also etwa Tätowierungen und bestimmte Frisuren bezeichnen die Zugehörigkeit zu einer bestimmten Gruppierung und Subkultur. Und das Problem ist doch, daß in dem, was jeweils modisch oder modern, aktuell ist, die Zeit stirbt, jedenfalls solange es aktuell ist. Der Imperativ des Wandels erscheint eigentlich nur sub specie aeternitatis, wenn man sich die Abfolge der Moden ansieht. In dem, was modisch aktuell, was evident ist als aktuell, da stirbt ja etwas, was vorher war. Es gibt da ein eigentümliches Verhältnis auch zum Tod. Denn in diese Vorstellung von Modernität, Zeitgeist, Aktualität, des Neuen ist etwas eingebaut, in dem die Zeit immer schon stirbt, immer wieder, nicht, sobald Sie da drin sind. Das Problem ist ja jetzt, welche Perspektive wir auf diese Wandlungen hin einnehmen, wo wir uns hinstellen. Haben wir den Eindruck, daß wir uns selber darin befinden, daß wir das sozusagen aufführen? Und man kann sich natürlich fragen, ob das Thema "Der Tod der Moderne" nicht selbst eine solche Aktualität ist wie die Kreppsohlen oder bestimmte Frisuren. Oder versuchen wir gewissermaßen, anläßlich dieses Themas aus dem Prozeß selber herauszutreten? Was keineswegs heißt, daß uns das auch gelingen muß. Jede metaphysische Äußerung oder jeder Versuch einer metaphysischen Äußerung kann vielmehr diesen Index haben der Kreppsohle.

<u>Horst Folkers</u>: Ich würde gerne die beiden Stimmen noch ein wenig ins Gespräch bringen. Ich glaube, der Imperativ des Wandels, wie Sie (Gert Mattenklott) ihn eingeführt haben als eine Ursprungsszene, als eine Ursprungsidee der Moderne, ist noch etwas radikaler. Man kann natürlich sagen, daß selbstverständlich die in der Mode das als erste begriffen haben, daß es so sein muß. Deswegen sind die ja auch von den Analytikern der Moderne als das typische Beispiel des Immergleichen im Wandel dann näher bestimmt worden. Die Mode untersteht zwar dem Imperativ des Wandels, aber in einer Weise, die ungefährlich ist, weil jedermann weiß: das ist das Immergleiche.

<u>Michael Rutschky</u>: Das ist mir zu kulturkonservativ gedacht. Das

ist sub specie aeternitatis.

<u>Horst Folkers:</u> Moment. Gut. Viel problematischer ist doch, daß der Imperativ des Wandels auch dort zutrifft, wo die Ansprüche an das, worum es geht, viel höher sind, nämlich z.B. bei der Wahrheitserzeugung. Also der Imperativ des Wandels gilt ja für eine ganze lange Sphäre der Theoriebildung: Theorie hat nur eine Chance, sich selbst als eine zeitgemäße, sinnvolle darzustellen, wenn sie die vergangenen Theorien in sich rekonstruieren, aufheben und sagen kann "die sind zu Ende". Da führt dann der Imperativ des Wandels dazu, daß das Vergangene immer als Veraltetes erscheint.

<u>Michael Rutschky:</u> Nur das Merkwürdige an dieser Sache mit der Mode, für die sich Benjamin sehr interessiert hat, daß sie Archaisches zitiert, das dann wiederauftaucht, hat ja damit unmittelbar nichts zu tun. Denn in der Mode können Sie etwas Vergangenes, etwas Veraltetes so aktualisieren, daß es nicht als veraltet erscheint. Sub specie aeternitatis sieht das dann anders aus, da können Sie dann immer sagen, da sei dann plötzlich diese Rüsche wiedergekommen oder die langen Haare, die in der Frühromantik ... oder was weiß ich. Nur das Merkwürdige ist, daß in dem Augenblick, wo es gilt, wo es einen Geltunsganspruch mit Recht erhebt, es keine Rolle spielt, ob es veraltet ist oder nicht, ob es schon mal vorgekommen ist oder nicht.

<u>Horst Folkers:</u> Ja, Sie betonen besonders den Gegenwartsaspekt in der Absolutheit einer Sache, die an und für sich, also auf längere Sicht, sub specie aeternitatis, so oder auch ganz anders sein könnte. Die Frage ist doch, ob der Imperativ des Wandels nicht ein ernsteres Schicksal meint, insofern er einerseits eine historische Ursprungsszene kennt und andererseits ein historisches Ende. Das ist doch die These, die Sie (Gert Mattenklott) vertreten wollten. Und dann geht es nicht nur darum, daß etwas so, aber auch ganz anders sein könnte, je nachdem wie man es betrachtet. Hingegen im Augenblick müssen wir, wenn wir auf der Höhe der Zeit sein wollen, über den Tod der Moderne sprechen. Aber das gilt bloß zweieinhalb Jahre lang. Wir haben vor zweieinhalb Jahren nicht darüber gesprochen, denn in zwei-

einhalb Jahren sprechen wir auch nicht mehr darüber. Das heißt aber doch, daß dieser Imperativ des Wandels die Theoriekultur in diesem Sinne vollständig beherrscht. Wir müssen jetzt, um da zu sein, von der Absolutheit unseres Themas ausgehen, aber hintergründig wissen wir schon, daß wir einem Imperativ des Wandels unterstehen, der uns zwingt, heute nur deswegen darüber zu sprechen, weil wir gestern noch nicht darüber gesprochen haben und weil jetzt alle Welt darüber spricht, und wir wissen auch, daß wir morgen nicht mehr darüber sprechen werden. Ich meine, Max Webers Ideal der Wissenschaftlichkeit war, etwas zu machen, wovon man weiß, daß es morgen überholt sein wird, sein ganzes Leben dafür zu opfern, etwas zu tun, was morgen nicht mehr gelten wird. Weil Max Weber das so radikal ausgesprochen hat, sind wir jetzt dabei, seine gesammelten Werke in einer neuen großen Ausgabe herauszubringen und das alles zu archivieren. Und es ist keine Rede davon, daß Max Weber dafür geschrieben hat, überholt zu werden, sondern er stellt sich als einer der Autoren heraus, die wir nicht so leicht überholen können. Jetzt ist sozusagen meine Frage, ob sich nicht ein grundsätzliches Schicksal darin noch mit andeutet. Und ich finde, daß Baudrillard das vor Augen hat. Zu den Beständen, die so überwuchern, gehört etwas, wovon Sie (Jean Baudrillard) jetzt noch nicht gesprochen haben, nämlich das Wuchern der Archive. Das Wuchern der Archive besteht ja darin, daß wir von einem bestimmten Punkt der Moderne an nicht mehr richtig bereit sind, etwas zu vergessen. Also die germanistische Allwissenschaft, aus der wir so kommen können, macht ja ständig die Erfahrungen damit, daß wir eine ungeheure Notwendigkeit kennen, zu sichern, was gewesen ist.

<u>Michael Rutschky:</u> Aber das ist doch das Problem von Zeitgeist und Ewigkeit.

<u>Horst Folkers:</u> Ich meine aber: Wenn diese Archive in dieser Weise präsent sind, nimmt dann eigentlich der Imperativ des Wandels zu? Wenn man das sozusagen ständig vor Augen hat, was es alles gibt, wächst dann eigentlich der Druck durch den Imperativ des Wandels? Muß man jetzt erst recht alles abschaffen? Muß man jetzt erst recht den Tod verkünden? Oder gibt es auch

eine ganz andere Reaktion auf diesen Imperativ? Nämlich: ihn als solchen zu diagnostizieren und die Gleichgültigkeit dieses Imperativs - das ist jetzt natürlich wieder sub specie aeternitatis - für das eigentlich, sagen wir mal nicht "produktiv", sagen wir "kreativ" Gegenwärtige zu halten. Warum soll man das Leben denn nicht, statt immer neu alles abzuschaffen, was vergangen ist, als Rousseau-Leser beenden? Also ich muß zugeben, daß das eine Mode sein könnte, wenn alle Rouseau lesen, aber wenn nur Sie (Michael Rutschky) oder ich Rousseu lesen würden, und zwar sein Leben daran setzend, dann hört es auf, Mode zu sein.

Dietmar Kamper: Ich wollte eigentlich Jean Baudrillard fragen, was die Metastase mit der Metamorphose zu tun hat. Ich darf vielleicht noch ...

Jean Baudrillard: Gar nichts.

Dietmar Kamper: Gut, damit ist die Frage schon beantwortet. Also ich habe jetzt auch wieder gehört, daß das Thema ein modernes ist; und damit sitzen wir natürlich in der Falle. Aber ich meine, daß es vielleicht doch nicht nur zwei Perspektiven gibt, nicht nur die aktuelle und die sub specie aeternitatis. Ich sehe da jedenfalls in Jean Baudrillards Versuchen immer eine Erweiterung manchmal zu dreien, manchmal zu vieren. Ich möchte auch noch einmal solch eine Erweiterung versuchen, auch im Blick auf das, was wir gestern schon einmal angedeutet hatten, daß nämlich offensichtlich eine vormoralische Schuldfrage auftaucht, wenn es um Dinge, um Objekte geht. Ich habe die Ausführungen zu verschiedenen Anlässen so verstanden, daß die Erscheinungswelt als eine Welt der Metamorphosen den Wandel eigentlich an sich hat, nicht in Form des Imperativs, sondern die Erscheinungswelt verändert sich ja dauernd. Es gibt keine festen Formen. Dann kommt in der Abfolge die Welt der Szene und der Metapher, so hattest du (Jean Baudrillard) damals gesagt. Und diese Welt, die vielleicht in einer besonderen Weise mit der Moderne identifiziert werden kann, löst sich auf in die Obszönität, also in das, was jenseits der Szene ist. Das Charakteristikum dieser neuen Zeit ist eigentlich das Metastatische. Die Abfolge wäre

also: Metamorphose, Metaphorik, Metastatik. Die Metastase ist
die Charakterisierung dessen, was nach der Szene passiert.
Und meine Frage, die Jean Baudrillard ja aber jetzt schon beantwortet hat, wäre, ob nicht das letzte doch etwas mit dem
ersten zu tun hat, also die Metamorphose mit der Metastase.
Vielleicht ist das Ekstatische - ja wie soll man das jetzt
nennen, ohne es zu bewerten - eine mißglückte Form der Metamorphose.

Jean Baudrillard: Ja, es bleibt immer dasselbe Rätsel, wie beides verknüpft ist oder sich auseinandersetzt. Ich möchte zunächst wenigstens Metamorphose und Metastase auseinanderhal-
ten. Denn die Metastasen sind Wucherungen desselben, die ewige
Wiederholung desselben, während in der Metamorphose doch eine
Forme in eine andere gleitet. Damit ist das flüssige Ineinan-
dergleiten von Formen und Erscheinungen gemeint. Und das ist
die Qualität oder Möglichkeit des Objektes. Die Welt der Metapher dagegen ist der Bereich des Subjekts. In diesem Bereich
kann nie etwas anderes erscheinen als Metaphern. Auch der Tod
kann in diesem Bereich nur als Metapher erscheinen, deswegen
sprach ich vom Tod als Metapher. Metastase ist Tod in einem
ganz anderen Sinne, in dem des Krebsartigen, der Übersättigung
des Todes. Es gibt den Tod durch Übersättigung. Die Metamorphose kennt im Gegenteil dazu den Tod einfach nicht. Sie ist
die einzige Form, die irgendwie auf eine mystische Weise dem
Tod entweicht. Also die mythologischen Figuren sterben niemals,
aber sie bringen ein Opfer dafür: sie sind keine Subjekte. Sie
sind der Verzicht auf die Subjektivität, auf den Wunsch oder
das Verlangen. Sie haben kein Verlangen, keinen eigenen Wunsch.
Darum können sie unmittelbar von einer Form zur anderen hinüber-
schreiten, und das vielleicht ins Unendliche, da ist kein Ende.
Der Tod ist abwesend in der Metamorphose, und irgendwie gibt
es auch in der Metastase keinen eigenen Tod mehr, sondern
das ist ein Tod durch Vervielfältigung der Zellen. Das ist ein
Tod im symbolischen Sinne des Wortes. Diese beiden Formen sind
einander entgegengesetzt. Ich würde auch sagen, daß die Metastase wirklich die völlige Entzauberung ist und die Metamorphose
die völlige Verzauberung. Aber vielleicht ist diese sehr schöne
Beschreibung von Metastase-Metapher-Metamorphose zu schön, um

wahr zu sein. Ich möchte zu dem Thema "Wandel" noch etwas sagen. Die Aufklärung dachte ja die Welt des Fortschritts, heute aber gibt es keinen Fortschritt mehr, sondern nur einen Wandel. Der Fortschritt war determiniert, und der Wandel ist undeterminiert. Das ist eine Welt, wo sich alles verändert, alles einander abwechselt, eine unendliche Abwechslung. Das ist Wandel in diesem Sinne. Das ist die Indetermination. Und ich meine, daß Indetermination eine Form der Ekstase ist. Das, wovon wir sprechen, ist eine Ekstase des Sinns. Wir sind über jenen Bereich hinaus, wo die Dinge einen Sinn haben. Sie haben soviel Sinn, es gibt eine Übersättigung an Sinn, daß sie keinen mehr haben, daß man in die Indetermination fällt. Da kommt also der Wandel. Wir leben in dieser ekstatischen Welt des Wandels. Ich bringe mal ein Beispiel. Also im französischen Rundfunk wurden jetzt freie Sender zugelassen, noch nicht unzählige, aber doch sehr viele. Früher gab es so zwei bis drei, heute gibt es zwanzig oder dreißig oder fünfzig Sender. Und damit treten wir ein in die Sphäre des Wandels, also der Abwechslung. Ich muß also immer wieder den Knopf drehen und die Sendung heraussuchen, die ich hören will, und ich weiß dann nicht mehr, was ich will. Das ist gerade der Punkt, wo diese Linie der Übersättigung überschritten wird. Ich weiß nicht mehr, was ich will. Ich weiß eines, nämlich daß ein Raum, der früher frei war, nicht mehr frei ist für mich. Und ich falle in die Ekstase des Radios, aber in die negative Ekstase des Radios ...

Horst Folkers: Ja, ja, ja.

Michael Rutschky: Ich glaube das nicht, daß Sie nicht wissen, was Sie wollen. Das Merkwürdige ist ja im Gegenteil, daß man diese Entscheidung, was man will, sehr genau treffen kann. Also man ist sich ziemlich schnell darüber im Klaren, ob man nun für die Neue Deutsche Tanzmusik ist oder nicht. Und merkwürdig ist auch, daß deutsche Intellektuelle ein schlechtes Verhältnis zum Fernsehen haben. Das äußert sich dann darin, daß sie unter Schuldgefühlen einen ganzen Fernsehabend durchmachen und von Fernsehsendung zu Fernsehsendung jedesmal sagen: Wie schrecklich! Warum habe ich bloß nicht die Kraft, das Gerät jetzt auszuschalten und das Buch zu lesen,

153

was ich eigentlich dringend müßte. Da kommt dann die Rationalisierung: Ich bin halt zu erschöpft, und es gibt eben so Tage, wo man ... Das ist ja auch okay. Das Merkwürdige ist, daß das nun wieder auch mit der bestimmten kulturellen Sozialisation zu tun hat, also daß wir halt noch nicht richtig ans Fernsehen gewöhnt sind. Jüngere Leute, die eine bestimmte Art von Fernsehalkoholismus rechtzeitig durchgemacht haben im Alter von zwölf bis vierzehn, die wissen natürlich ganz genau, was sie wollen, und die sind auch dazu in der Lage, das Fernsehgerät genau zu dem Zeitpunkt einzuschalten, wo sie das bekommen, was sie haben wollen. Oder ein anderes Beispiel. Wenn Sie (Horst Folkers) sagen, daß Sie Ihr Leben als Rousseau-Leser beenden möchten, dann ist das keineswegs vollkommen außerhalb dessen, was in der akademischen Szene angesagt ist, weil ein bestimmter Typus von Gelehrsamkeit (sich in den Archiven rumtreiben, Fundstücke sammeln und polieren usw) eben, wie der Ausdruck lautet, "angesagt" ist. Es ist keineswegs eine exzentrische Position, die Sie damit einnehmen, sondern mit dieser Art Exzentrikertum sind Sie nicht allein. Das Problem, das für mich daraus entsteht, auch im Zusammenhang mit der Kunst und der Ästhetik, ist, ob wir uns nicht vielleicht darauf einstellen müssen, daß wir die Anhängsel dieser Evidenzen sind und daß es gar nicht möglich ist, die sozusagen sub specie aeternitatis zu klassifizieren. Denn, das ist das Merkwürdige, im Augenblick, wo die Kreppsohle angesagt ist, ist sie ja nicht nur für den Augenblick angesagt, sondern auch sub specie aeternitatis. Es gibt gar nichts anderes als die Kreppsohle, dann wenn sie aktuell ist.

Horst Folkers: Aber das Kino gab es vorher nicht.

Michael Rutschky: Aber für Sie gibt es das Kino. Und Sie können, wenn Sie ins Kino gehen ...

Horst Folkers: Ich meine die Differenz zwischen diesen Einschnitten.

Michael Rutschky: Ja, aber aus welcher Sicht wird das plausibel? Natürlich kann man Geschichten der Medien schreiben. Aber Sie können nicht in dieser Geschichte so zurückgehen, daß Sie sozusagen in performativer Einstellung sich sagen können, das sei der Stummfilm gewesen. Schon innerhalb der Kinokritik tritt das Problem auf, daß man sich heute nur noch schwer vorstellen kann, daß die wirklich kinobegeisterten Leute sagten, der Tonfilm sei das Ende des Kinos.

Gert Mattenklott: Herr Rutschky, Ihr Verdacht, die Diskussion, die wir hier führen, sei im Grunde auch nur eine dieser Moden unter dem Imperativ des Wandels und was uns originale Analyse zu sein scheint, sei eigentlich vorgesehen und auch nur eine Fortsetzung dieser modernen Entwicklung, ist vielleicht die eine Seite der Sache. Aber die andere Seite ist, daß die Diskussion, die wir führen, ja in ganz bestimmten Oppositionen vorkommt. Und in diesem Falle ist es doch die Opposition einer Entwicklung der Moderne, die im Begriff ist, sich selbst um die Hälfte wegzuschrumpfen. Wenn man die Position sieht, die Habermas z.B. in dieser Diskussion um Moderne und Post-Moderne vertritt, dann ist das genau die andere Seite, glaube ich. Und deutlich wahrnehmbar ist auch, was da weggeschrumpft wird, nämlich solche Erscheinungen der Moderne, die z.B. auf Entdifferenzierungen der Formen immer wieder bestanden haben in bestimmten Phasen der Entwicklung dieser Moderne, oder es sind Tendenzen der Entprofessionalisierung, die immer wieder zu wesentlichen Impulsen der Moderne gezählt haben, die aber plötzlich verteufelt werden, oder es sind die Aufhebungsversuche der Kunst ins Leben, die nicht erst im Surrealismus und Dada aufkamen, sondern schon in der Frühromantik. Das sind Tendenzen, die eigentlich, glaube ich, zu dem gehören, was die Moderne mal überzeugend gemacht hat, nun aber plötzlich von den erbittertsten Verfechtern von Modernität, zu denen Habermas sich ja zählt, als die, wie Habermas sagt, "Exzesse" der Moderne verteufelt und ausgetrieben werden sollen. Wenn dagegen also in diesem Kreis der Tod der Moderne proklamiert wird, dann eigentlich um die Moderne oder bestimmte Tendenzen der Moderne zu verteidigen gegen ihre heutigen Propagandisten.

Michael Rutschky: Ja, da habe ich nichts gegen einzuwenden. Sie meinen, daß das, was ich jetzt vorzuführen versucht habe, auch nur eine ästhetische Vorführung war, also sich zu überlegen, ob wir nicht die Anhängsel der jeweilig modernen Evidenzen sind. Das ist ja auch ein Entdifferenzierungsvorgang. Also treten wir mal aus der Ebene des philosophischen Diskurses in den Diskurs der Mode. Da bin ich sehr dafür. Aber wenn wir solche Prozesse als Teile der Moderne verteidigen wollen, als integrierende Bestandteile der Moderne, dann müssen wir uns auch klarmachen, daß wir uns selber in solchen Prozessen bewegen müssen und solche Prozesse vorführen müssen. Wir können nicht sozusagen den gußeisernen Diskurs sub specie aeternitatis vorführen, der vielleicht auch mit spezifisch deutschen Traditionen zu tun hat.

Ulrich Sonnemann: Ich hatte mich gefragt, bei diesem Diskussionspunkt, der das Verhältnis von Metastase und Metamorphose betraf, ob man sich nicht an Wilhelm Reich erinnern könnte, dessen Theorie des Krebses bereits auf diese Übersättigung aufmerksam machte und die Übersättigung zugleich begriff als eine Unterdrückung des Orgiastischen. Insofern ist der Geschichtsorgasmus, in dem wir uns befinden, dringlich. Und die Dringlichkeit ist zugleich dokumentiert durch die Übersättigung mit zu viel Radioprogrammen, zu viel Fernsehprogrammen und übrigens auch durch die Archivierung. Denn die Archivierung bedeutet ja nicht nur, daß nichts vergessen werden darf, sondern zugleich, daß alles vergessen wird. Jedenfalls gilt das für die deutsche Gesellschaft, die französische verarbeitet ihre Archive ja etwas intelligenter. Aber in der deutschen ist es so wie bei bestimmten Touristen, die nach Spanien reisen und das Sehen ihrem Photoapparat überlassen, daß also das Gedächtnis dann bewahrt wird in den Archiven, aber daß die Erinnerung etwa an die deutsche Literatur auf Seiten unserer Abiturienten praktisch nicht existent ist. Diese Gleichzeitigkeit muß man doch auch beachten. Im übrigen finde ich es sehr gut, daß die Mode ins Spiel gebracht wurde. Am Anfang habe ich ja die Froschperspektive angegriffen. Ich würde sie jetzt verteidigen. Denn nur aus der Froschperspektive, aus der Erfahrung der Ungereimtheiten, zu denen sie führt, wird so etwas möglich wie die Etablierung dessen, was nach deutscher Tradition "sub specie aeternitatis" heißt. Es ist nicht so, daß diese beiden Perspektiven eine Alternative darstellen, wo man sich je nach Belieben entschließen kann, welche man einnimmt, ob diejenige des Feuilletons und der Mode einerseits oder eben die geschichtsphilosophische andererseits. Die geschichtsphilosophische wird einem vielmehr aufgedrängt durch die Erfahrungen, die innerhalb des Bereichs der Mode, des froschperspektivischen Bereichs, gemacht werden. Diese Mode ist eben immer etwas, was sich selber absolut setzt, und das führt dann zu Widersprüchen, und die bringen einen erst auf die geschichtsphilosophische Perspektive. Insofern gibt es eine Vermittelung zwischen diesen beiden Perspektiven, auf die größere Distanz, aus der heraus man dann eine Geschichtsbewegung in den Blick bekommen kann. Und da finde ich es doch eigentlich einen Gewinn, daß wir alle im Unterschied zu Habermas eben übereinzustimmen scheinen, daß dieser lineare Fortschrittsbegriff schlicht unwahr ist, daß er an all dem scheitert, was bei Habermas eben bloß als Exzeß gilt, was ihm unangenehm ist, was er nicht verarbeiten kann, was infolgedessen ausgegrenzt, statt theoretisch bewältigt wird. Die Alternative ist eine zyklischere Betrachtung der Geschichte. Der Wandel ist ja kein Imperativ, sondern er vollzieht sich ohnehin; er vollzieht sich aber in verschiedenen Bereichen verschieden schnell. Die Ungleichzeitigkeiten, die sich daraus ergeben, die Ungleichzeitigkeit des Gleichzeitigen legt es nahe, daß dieses Bild von einer Art Eisenbahnschiene, auf der alles im gleichen Tempo vorwärts drängt, nicht haltbar ist. Und die einzige Alternative, die dann bleibt, ist in der Tat die Zyklizität der Geschichtsbewegung, die übrigens keineswegs ausschließt ... also diese Bewegung auf das Früheste zu ist keineswegs unbedingt optimistisch. Dieses Früheste kann auch die Katastrophe sein, und die Katastrophe kann ja eine auf ihre eigene Struktur hin angelegte Bewegung an einem bestimmten Punkt plötzlich abbrechen.

Dietmar Kamper: Man hat davon gehört, daß Menschen in äußerster Gefahr erstarrt waren in einer Geste des Todes und daß sie kaum wieder ins Leben zurückfanden, als man sie dann rettete. Ich wollte auf etwas hinweisen, was mir verschiedentlich aufgefallen ist. Es geht, glaube ich, nicht nur ums Totsagen, sondern um eine Strategie des Totstellens, angesichts einer Situation, in der man bis zum Äußersten bedroht ist. Und das ist eine sehr ambivalente Geschichte. In einem Roman eines Südamerikaners über den Versuch, in eine Welt von imaginären Schatten einzudringen, steht es ausdrücklich so: "Um nicht zu sterben, stellte er sich tot, und das konnte er so gut, daß er nicht mehr unter den Lebenden war." Also das ist quasi eine Vorwegnahme, eine Mimesis dessen, was man eigentlich befürchtet. Ich glaube, daß sich dieses Modell auch auf den Geschichtsprozeß und das Ende von Phasen übertragen läßt. Ich möchte jetzt nicht auf diese Geschichte mit den Lemmingen eingehen, obwohl die ja auch immer wieder als Beispiel genommen wird. Also es gibt ein Verhalten, das genau das erst produziert, was es vermeiden will. Diese Gefahr scheint mir, bezogen auf das Ende der Welt - das ist ja auch nicht zum ersten Mal angesagt -, etwas mit den Spuren der christlichen Heilsgeschichte zu tun zu haben. Wenn ich recht sehe, gibt es eine Linie zwischen dieser großen Enttäuschung der ersten Christen, daß der Herr nicht wiederkehrt, und den Versuchen, die Wiederkehr zu erzwingen, also gleichsam der Welt ein Ende zu machen, um nur nicht weiter warten zu müssen. Ich habe mich oft gefragt, ob nicht in dieser Übersteigerung der Waffensysteme, der Systeme der Medien nicht so ein Moment von Selbstbeschleunigung liegt. Das wäre dann gar nicht der Verantwortung oder der Schuld irgendwelcher namhaft zu machender Protagonisten zuzurechnen, sondern die Menschheit selbst tritt vielleicht in so ein Stadium ein, in dem sie ihr Verschwinden betreibt, um nicht verschwinden zu müssen. Das scheint die adäquate Paradoxie zu sein, die wir auf der Ebene des Diskurses auch dauernd finden. Also in den Aktivitäten, in den zwecklos gewordenen Willensanstrengungen schlägt gegenwärtig so ein Moment von Fatalität durch, daß die Menschen, ohne es zu wollen, vielleicht mit einer ganz anderen Absicht, das durchsetzen, was den Geschichtsverlauf bis jetzt doch sehr präjudiziert hat: daß nämlich das Ende der Welt angesagt ist, daß es die Apokalypse gibt und daß es so etwas wie eine Parusie gibt, eine endgültige Offenbarung von allem, was ist, im Zeichen eines Erlösers, der den Opfertod gestorben ist. Der einzige epochale Einschnitt, der überhaupt ersichtlich ist, der von einem Posthistoire zu reden gestattet, ist die Sintflut. Das heißt also, daß es schon lange begonnen hat, die Katastrophe ist im Grunde immer schon gewesen, und offensichtlich ist die Unfähigkeit, sich diese Katastrophe zu vergegenwärtigen das Movens, das uns auf die Katastrophe zutreibt. Also das wäre eine Aufforderung dazu, sich endlich mit Atlantis zu befassen.

<u>Horst Folkers:</u> Also ich finde jetzt ihren Beitrag deswegen sehr wichtig, weil Sie wieder darauf aufmerksam gemacht haben, daß mit dem, was hier an ein Ende kommt, eine Gefahr entsteht. Wir haben jetzt längere Zeit so getan, als sei dieses An-ein-Ende-Kommen doch eine enorme Chance der Erweiterung. Sie haben wieder darauf aufmerksam gemacht, daß, wenn etwas, was so lange gewirkt hat, zu Ende geht, eine Gefahr entsteht. Ich finde, das wir da anknüpfen können an etwas, was wir auch gestern schon gehabt haben. Wenn der Optimismus der Menschen aufhört, eine bessere Gerechtigkeit in Zukunft herstellen zu können, dann ist das nicht nur etwas Gutes, sondern das ist auch eine Gefahr. Wenn der Optimismus der Menschenrechte, der amerikanischen Menschheit, ein besseres Glück, ein erweitertes Glück in der Zukunft erzeugen zu können, aufhört, dann ist das durchaus eine Gefährdung. Wenn dieser Optimismus aufhört, daß Freiheit, Gleichheit, Eigentum Bestände sind, Mobilisierungsbestände sind. Das ist ja die Umstellung des Rechts auf den Imperativ des Wandels, das ist der Einschnitt des bürgerlichen Rechtes gegenüber dem alten, wo alles durchs Herkommen festgelegt war. Alle bürgerlichen Rechtsformen sind Mobilisierungsrechte, man kann sie als Mobilisierungsrechte beschreiben. Gut, sie haben ihren Vorzug gehabt, sie haben nämlich Wandel ermöglicht in einem enormen Maß. Wenn das jetzt zu Ende kommt, dann entsteht eine Gefahr. Ist es nun die Gefahr, die man als eine wirkliche, sozusagen biologische Gefahr für den Untergang der Welt, der ganzen Menschheit beschreiben muß oder ist es die Gefahr, daß diejenigen Denk- und Handlungsformen, an die wir uns gewöhnt haben, die uns selbstverständlich zur Verfügung standen, nun untergehen? Das mag also offen sein, was nun alles zu Ende geht. Aber es scheint mir schon darauf anzukommen, daß eine Gefahr darin besteht und daß es dabei nicht ausschließlich darum geht, einer neuen Mode gegenüber einer alten zu folgen. Auf dieses Moment macht Baudrillard aufmerksam, macht Bergfleth aufmerksam, haben Sie (Dietmar Kamper) jetzt wieder aufmerksam gemacht.

159

<u>Dietmar Kamper:</u> Aber ich wollte sagen, daß es nicht klar ist, was die Gefahr ist. Vielleicht besteht die Gefahr gerade darin, daß man sie in einer bestimmten Weise bewältigt. Also das ist das Ineinanderstürzen der Differenzen, wenn es zu dem Punkt kommt, daß man das nicht mehr sagen kann. Vielleicht sind gerade die Retter die Gefahr. Ich würde sogar so weit gehen, zu sagen, daß die Erlösung die Gefahr ist, also diese Erlösungskonzeption der Geschichte, das Theologische, das hier immer kursierte und auch mehrfach zitiert und angesprochen worden ist. Das bewirkt eigentlich genau das, was vermieden werden soll.

<u>Michael Rutschky:</u> Das Merkwürdige ist ja, daß man über den Mythos der Apokalypse nicht diskutieren kann ohne den Mythos vom Paradies, weil die ja zusammengehören. Und noch eine Fußnote: Sehr merkwürdig scheint mir, daß in der Phänomenologie des Heiligen eine nicht unwesentliche Rolle das Tremendo spielt, das Donnergetöse; und das ist es ja, wovor wir jetzt Angst haben, daß das plötzlich losgehen könnte.

<u>Horst Folkers:</u> Ich wollte noch eine These formulieren. Ich kann auch durchaus noch einmal aufnehmen, was Sie (Dietmar Kamper) eben noch einmal gesagt haben. Was an den Beständen, die möglicherweise zu Ende gehen, jetzt noch wenig erwähnt worden ist, und was ich als neues Moment ins Spiel bringen möchte, ist dies: Zu den Beständen der Moderne, von denen wir nicht wissen, ob **sie** erhaltbar sind, von denen wir nicht einmal wissen, ob wir sie erhalten wollen, gehört insbesondere die Idee dieser Moderne, die Dinge selbst in die Hand nehmen zu können. Also das ist ein Grundmotiv, auch das der Verantwortlichkeit, die Idee, daß die Menschen, jeder einzelne für sich, aus Autonomie lebten, jeder für das Gelingen seines Lebens selbst verantwortlich sei, und die Menschheit insgesamt das Subjekt der Geschichte sei und die Sache in die Hand zu nehmen hätte, damit es nun eine bessere Gerechtigkeit gebe, ein besseres Glück gebe. Das ist der eigentliche Imperativ, der hinter dieser Fortschrittskategorie steht: daß es die Menschheit selber machen muß. Und was nun merkwürdigerweise sowohl die Kritiker der Moderne wie auch die Kritiker der Kritiker der Moderne an Vorurteilen miteinander teilen, ist,

daß auch die Ablösung der Moderne etwas sei, was durch uns noch gemacht werden müsse, wozu wir uns sozusagen selbst befreien könnten oder müßten. Wer soll es denn sonst machen, wenn es nicht wir machen? Aber dies ist genau das Gesamtvorurteil der Moderne, daß sie ihr Schicksal absolut in die Hand nehmen müsse und daß sei keine andere Möglichkeit habe, nämlich aus dem einfachen Grund, weil sie eine ganze Kategorie, eine ganze Breite von Handlungsformen vergessen hat. Nämlich z.B. dies: daß das Sein wesentlich etwas ist, was zugelassen werden muß, d.h. etwas, was einfach da ist und was, indem es da ist, dann auch eine Zuwendung ermöglicht. Wenn das Entscheidende davon abhängt, daß wir es selbst machen, dann muß man allerdings sagen, daß wir keine Chance haben. Nur ist es gar nicht so. Nur ist es gar nicht so. ...

<u>Zwischenruf:</u> Aha: "Nur ein Gott kann uns noch retten ..."

<u>Horst Folkers:</u> "Nur ein Gott kann uns noch retten", Heidegger meint sozusagen, wir könnten, wenn wir nur richtig nachdächten, erzwingen, daß Gott wiederkomme. Dem ist aber nicht so, sondern möglicherweise ist es nur so, daß wir uns irren darüber, wie wir ihn abgeschafft haben. Das heißt: die Idee, wir könnten ihn abschaffen, könnte ein Irrtum sein. Das ist ja auch so eine selbstgemachte Idee.

<u>Michael Rutschky:</u> Ich möchte noch etwas zu dem Bild der Katastrophe sagen. Wahrscheinlich muß man das wirklich im Zusammenhang mit dem Paradies-Mythos sehen. Die Angst vor der Apokalypse und der Paradies-Mythos hängen eben sehr eng zusammen. Und die Apokalypse, auf die alles zutreibt, wird uns dann eben ins Paradies zurückverfrachten, das ist ja sozusagen ein Basismythos unserer Kultur.

<u>Dietmar Kamper:</u> Die Klammer von Apokalypse und Paradies zu sprengen, das wäre ja genau der Versuch, die wesentlichen Bestimmungen einer geschlossenen Geschichte wegzunehmen. Was dann kommt, also das Katastrophische, das ist ja doch die Bezeichnung für etwas, was man gar nicht sieht, oder man sieht ja gar nichts, wenn man davon redet. Sondern das ist dann eine Formel, eine

bestimmte Art, mathematische Reihen zu unterbrechen, oder so etwas Ähnliches. Ich glaube, die Obsession ist eigentlich die, daß der Paradies-Mythos eine ältere Geschichte überlagert. Das Paradies ist eben nicht die Heimat der Menschen, sondern das ist eine induzierte Heimat, die sichert, daß die Geschichte so läuft. Und wenn es auf eine ältere Heimat geht, dann würde ich behaupten, daß die jetzt zu entdecken ist, also das wäre das Frühere. Und das könnte mit einem Mal eine ganz andere Art auch der Katastrophenwahrnehmungen ermöglichen.

<u>Gert Mattenklott:</u> Ich kann nicht direkt daran anknüpfen. Aber mir geht in den letzten Tagen und auch heute immer eine Stelle aus Prousts "Recherche" durch den Kopf, eine Stelle über den Tod. Der Erzähler ist mit seinem Freund Saint-Loup aufs Land gefahren und ruft seine Großmutter an, um sich nach ihrem Wohlbefinden zu erkundigen. Er hört sie nun zum ersten Mal am Telefon. Und diese Möglichkeit, sie jetzt nur auditiv wahrzunehmen, also die Abtrennung von allen anderen Sinneswahrnehmungen, die sonst Bilder der Illusion vermittelt hatten und Fiktionen, gibt ihm plötzlich eine ganz andere Vorstellung dieser Großmutter. Er hört plötzlich das erste Mal, daß sie eine alte, einsame Frau ist und daß er getrennt von ihr ist. Er kehrt sofort nach Paris zurück, um sie wiederzusehen, und trifft noch bei ihr ein, ehe auch seine übliche Wahrnehmungsgewohnheit eingetroffen ist. Er ist noch vor seiner Wahrnehmungsgewohnheit bei ihr, und auch sie, über das Buch ihres Lieblingsschriftstellers gebeugt, hat noch nicht die gewohnte Weise, ihn wahrzunehmen. Da bemerkt er plötzlich, daß sie eine alte, unförmige Frau geworden ist, häßlich, unansehnlich usw. und daß sie schon wohl viele Jahre gestorben sein mußte, immerzu, ohne daß er es bemerkt hatte. Beckett hat diese Stelle auch gelesen und sie in dem Sinne interpretiert, daß Proust wohl für diese heroische Wahrnehmung der permanenten Katastrophe, der sich täglich ereignenden Katastrophe des ständigen Todes eintrete. Hinter diese heroische Wahrnehmung stellt sich Beckett dann und sagt, so müsse eigentlich täglich die gewohnte Wahrnehmung durchschlagen werden zugunsten der Wahrnehmung der täglichen Apokalypse. Ich glaube nicht, daß das eine richtige Interpretation Prousts ist. Für Proust ist die Sache eigentlich ambivalenter. Denn nur diese

tägliche Verstellung der Wahrnehmung ermöglicht nämlich das Leben mit der Großmutter, das ein zärtliches Leben gewesen ist, ein Leben mit den kleinen kultivierten Gewohnheiten, in denen die Großmutter von einer schonenden Wahrnehmung eingehüllt wurde. Und diese schonende Wahrnehmung, also das Ausklammern des Todes und der täglichen Apokalypse hat dem Erzähler ermöglicht, sich auf die Großmutter so liebend einzulassen. Ich erzähle das, weil mir scheint, daß wir auch sehr häufig einer eigenartigen Verliebtheit in das Katastrophische und die Apokalypsen zu erliegen drohen und uns mit Endzeitgeheul in den Ohren liegen. Aber dieses Geheul genießen wir auch wiederum auf eine merkwürdige Weise, während wir doch andererseits im Umgang miteinander, auch wie wir hier sitzen, von der Gewohnheit profitieren und davon, daß wir in der Lage sind, uns mit diesen Todeswahrnehmungen zu verschonen. Unsere kultivierten Umgangsformen leben überhaupt davon, daß wir in der Lage sind, nicht ständig nur zu heulen und zu klagen. Und gerade wo unser Gespräch ja nun dem Ende entgegengeht, finde ich es eigentlich ganz richtig, nicht immer so zu tun, als sei unser Überleben jetzt davon abhängig, die Katastrophe nicht aus den Augen zu verlieren oder ständig von Apokalypse zu reden. Unser Überleben hängt immerzu auch davon ab, daß wir den Tod vergessen können.

E N D E

ZU DEN REDNERN

Jean Baudrillard: geb. 1929 in Reims, Prof. der Soziologie an der Universität Nanterre, lebt in Paris
Veröffentlichungen: "Der symbolische Tausch und der Tod" (München 1982), "Strategies fatales" (Paris 1983), "Der heilige Horizont des Scheinens" (KKB 4)

Gerd Bergfleth: geb. in Dithmarschen, studierte Philosophie und Germanistik, lebt in Tübingen
Veröffentlichungen: "Theorie der Verschwendung", Nachwort zu Bataille, Die Aufhebung der Ökonomie (München 1975), "Baudrillard und die Todesrevolte", Nachwort zu Baudrillard, Der symbolische Tausch und der Tod (München 1982). "Kritik der Emanzipation" (KKB 1), "Über linke Ironie" (KKB 5)

Horst Folkers: geb. 1945, studierte Philosophie und Jura, wiss. Mitarbeiter an der Forschungsstätte der ev. Studiengemeinschaft in Heidelberg
Veröffentlichungen: "Fortschritt, Fortschrittskritik und was zu tun bleibt" (KKB 3), "Die Wiederkehr der Geschichte am Ende des Fortschritts" (KKB 8)

Marlis Gerhardt: Redakteurin beim Südfunk, lebt in Stuttgart
Veröffentlichungen: "Der weiße Fleck auf der feministischen Landkarte" (KKB 1), "Dorian Gray vor den Spiegeln" (KKB 6)

Ute Gerhard: geb. 1939, studierte Jura, Geschichte, Soziologie, verheiratet, 3 Kinder, lebt in Bremen
Veröffentlichungen: "Verhältnisse und Verhinderungen - Frauenarbeit, Familie und Rechte der Frauen" (Frankfurt 1978)

Heidrun Hesse: geb. 1951 in Wittdün auf Amrum, studierte Philosophie und Germanistik, lebt in Tübingen
Veröffentlichungen: "Denken in der Leere des verschwundenen Menschen" (KKB 3), "Rückkehr in die Gegenwart" (KKB 8)

Dietmar Kamper: geb. 1936, Prof. der Soziologie an der FU, lebt in Berlin
Veröffentlichungen: "Geschichte und menschliche Natur" (München 1973), "Das gefangene Einhorn" (München 1983), zusammen mit Christoph Wulf "Im Schatten der Milchstraße" (Tübingen 1981)

Gerd Kimmerle: geb. 1947 in Pliezhausen, studierte Philosophie und Germanistik, lebt in Tübingen
Veröffentlichungen: "Sein und Selbst" (Bonn 1978), "Hexendämmerung" (Tübingen 1980), "Kritik der identitätslogischen Vernunft" (Meisenheim 1982), "Die Aporie der Wahrheit" (Tübingen 1983)

Gert Mattenklott: geb. 1942, Prof. der Literaturwissenschaften in Marburg, lebt in Berlin
Veröffentlichungen: "Der übersinnliche Leib" (Reinbek 1982)

Michael Rutschky: geb. 1943 in Berlin, studierte Germanistik
und Philosophie, lebt in München
Veröffentlichungen: "Erfahrungshunger" (Köln 198o), "Wartezeit"
(Köln 1983)

Hartmut Schröter: geb. 1943 in Mittenwald, studierte Philosophie,
Theologie und Pädagogik, Studienleiter des Ev. Studienwerks in
Villigst
Veröffentlichungen: "Historische Theorie und geschichtliches Handeln - Zur Wissenschaftskritik Nietzsches" (München 1981)

Ulrich Sonnemann: geb. 1912, Prof. der Philosophie in Kassel,
lebt in Obervorschütz
Veröffentlichungen: "Negative Anthropologie" (Neuauflage Frankfurt/Main 1982), "Die klammheimliche Rückgratverkrümmung oder wie westlich ist Westdeutschland?" (KKB 1), "Die Tendenzwende und ihr Tiefen-TÜV" (KKB 5)

Redaktionelle Nachbemerkung

Die in diesem Buch dokumentierten Diskussionen fanden im Februar 1983 in Tübingen statt. Sie wurden anhand von Tonbandaufzeichnungen rekonstruiert. Das war nicht einfach. Denn es sollte ein Text entstehen, der ein getreues Bild der tatsächlichen Argumentationsgänge geben und zugleich lesbar sein würde. Es war daher unvermeidlich, nicht nur die Grammatik der Redebeiträge zu korrigieren, sondern auch straffend und verdichtend in die Gedankenführung einzugreifen. Ich habe mich jedoch darum bemüht, allen Autoren gleichermaßen gerecht zu werden und auch den Duktus ihres Sprechens noch in der Druckfassung kenntlich werden zu lassen. Das größte Problem warfen begreiflicherweise die Äußerungen unseres französischen Gastes auf. Jean Baudrillard spricht zwar sehr gut deutsch, hatte aber doch größere Ausdrucksschwierigkeiten als die anderen Gesprächsteilnehmer, die sich ihrer Muttersprache bedienen konnten. Wo es mir nicht eindeutig zu sein schien, daß Baudrillard zu direkt aus dem Französischen übersetzt statt ein anderes deutsches Wort zu wählen, das angebrachter gewesen wäre, habe ich mich an seine Ausdrucksweise gehalten und sprachliche Unebenheiten in Kauf genommen.

Heidrun Hesse